ファイナンシャル・ウェルビーイング

幸せになる人のお金の考え方

山崎俊輔

JN110313

青春新書
INTELLIGENCE

はじめに／なぜ「幸福」と「お金」のリンクが重要なのか

世界的には健康で豊かな日本人が、世界的には幸福度が低い不思議

▼世界幸福度ランキング2023で47位、カザフスタンと同じくらいの幸福度？

あなたは日本人の幸福度が世界何位かご存知でしょうか。日本はGDPではアメリカ、中国に続く3位に位置している先進国のひとつです。日本人の平均寿命および健康寿命は世界トップクラスです。日常的に生命を脅かされることもありません。経済的に豊かで、健康で長生きできる国民が不幸せとは思えません。

ＷＨＯが公表している世界幸福度ランキング（「World Happiness Report」２０２３年版）を見てみると、日本はなんと47位です。日本のすぐ上にいる国は、というと、43位グアテマラ、44位カザフスタン、45位セルビア、46位キプロスとなっています。

トップ３は北欧諸国のフィンランド、デンマーク、アイスランドが並んでおり常連です。日本と立場の近そうな国でいえばアメリカが15位、ドイツが16位、イギリスが19位、フランスが21位となっています。

前後に並ぶ国名を考えれば、日本はベスト20に入ってもおかしくなさそうですが、あまり高い位置にありません。幸福度ランキング、日本はずいぶん離されていることがわかります。

日本が47位と低い理由のひとつは調査のデータの取り方に「主観的な判断」が多く反映されていることです。世界と比較して経済力３位だといわれたところで、ひとりひとりが「私は幸福だとは思わない」と回答すれば（あるいは「真ん中くらい」と回答すれば）、客観的現実よりポジティブに考えている国に負けることになります。

でも、本当に日本は不幸せな国なのでしょうか。

▼「お金と幸せについて考えるFP」は「それは宗教の話ですか？」と言われてきた

「幸せはお金で買える」

という言葉に強い拒否反応を示す人もいます。幸せはお金で買うものではない、というわけです。確かに、好きな女性の心を手に入れたり、子どもの無邪気な笑顔はお金で買うものではありません。

かといって、お金がない状態で彼女の歓心を得られるのは高校生か大学生までですし、子どもの笑顔を維持し続けるためには最低限度のお金が必要なのは間違いないはずです。貧乏でも楽しい家族、という限定的な理想をすべてであるかのように語らず、お金と幸せの関係が一定程度あることは直視しないといけません。

私はファイナンシャルプランナーとして、お金に関する執筆や講演をしていますが、プロフィール欄に「お金と幸せについてまじめに考えるFP」と書くことがあります。お金が足りなければ当然私たちは幸せとは感じにくい。かといって、単に節約だけすれば幸せというわけではない。そのあたりを指摘したいと思っての肩書きですが、ときどきおもしろい反応が返ってきます。

「お金と幸せ……って、宗教か何かですか？」

お金の問題はお金の問題、幸せの問題は宗教の問題、この2つの問題は別、という考え方は私たちには根強いようです。これも「お金で幸せは買えない」という問題とほぼセットです。

私はもっと、お金と幸せの関係を真剣に考えるべきだと思います。

お金がないなら、ないなりにたくさんの幸せを得る方法を考える。
お金を多く得て、より多くの幸せを獲得する方法を考える。

両者は同時に考えていい概念ですし、両立することなのです。

▼お金の不安がなく、気持ちよくお金を使える人が「ファイナンシャル・ウェルビーイング」の達人である

本書のタイトルにも掲げている「ファイナンシャル・ウェルビーイング」というのは、あまり聞き慣れない言葉かもしれません。ウェルビーイングというのは幅広い形で幸福について考える言葉です。肉体的にも精神的にも健康であり、生命の不安なく（犯罪や水道・インフラの安全が得られている）安心して暮らせ、豊かさと幸福を感じられる状態、というような感じで、ちょっと欲張りで「幸せ」を考える言葉です。

そこにはお金の問題が大きく関わってきます。本編ではまずＯＥＣＤのウェルビーイングの定義を見てみますが、その多くが「ファイナンシャル」なテーマに左右されることがわかります。

ただし勘違いしてほしくないのは「お金がたくさんあれば幸せ」という単純な話ではないことです。日本が幸福度ランキングで47位に沈んでいる最大の理由はお金がないこと、ではなく、お金があってもそれで上手にウェルビーイングを手に入れていないことによります。

実は、日本人の低いウェルビーイングの理由のひとつは「経済的不安」がぼんやりと見えてしまい、それを解決できていないからです。「老後に２０００万円」の不安などはまさにそうです。ある意味、将来のお金の不安など考えず気にしない人はウェルビーイングが下がらずにすむ「幸福」な人なのですが、日本人はもうそこに戻ることはできません。

本書では皆さんに「ファイナンシャル・ウェルビーイング」の達人になってもらいたいと思っています。ある程度のお金をしっかり確保し、現在と未来の不安を軽くし、気持ちよくお金を使って幸福度を高められるヒントをお話ししていきたいと思っています。

ことによっては、他のＦＰが禁止するようなムダづかいも「あなたが幸せになれるなら、使っていいのだ！」とアドバイスしてみます（もちろん経済的に問題ないかは確認しますが）。

▼お金がなくったって、ファイナンシャル・ウェルビーイングを高めることはできる

一方で、貯められるお金には限りがあります。あるいはすでに年金生活に入ってしまった場合にはそこから蓄財できる余地はほとんどありません。こんな場合は幸福度を高められないのでしょうか。

そんなことはありません。

お金がたいしてなくても、これ以上年収を上げられないとしても、あなたのウェルビーイングを高めることは可能です。

なぜなら、幸福度は金銭をたくさん使うことで多く得られるのではなく、自分自身の満足度に大きく依存しているからです。

あなたが若い頃、お金もない中で出かけたデートの記憶は、コーヒー1杯、映画1本であっても、今でも幸福を感じられる思い出であるはずです。

読書が趣味という人は、たった1000円の予算で無上の喜びを何時間も得ます。

逆にいえば、100万円かけたハワイ旅行であっても、家族がバラバラ、喧嘩して過ごす4日はウェルビーイング的には価値がないことになります。

賢くお金を使う、あるいはお金を使わなくても幸福を感じられるテクニックをいくつか学ぶことで、私たちは改めてお金と幸せの関係を見直すことができるはずです。

若者はよく「コスパがいい（コストパフォーマンスがいい）」といいますが、幸せのコスパを高める方法はもっとたくさんあります。あなたが当たり前だと思っているお金の使い方を少し見直してみると、同じ出費で満足度を高めていくこともできるでしょう。

本書は、そんなお金と幸せについて考えるヒントを皆さんに提供したいと思っています。

それではページをめくってください。お金と幸せの関係、ファイナンシャル・ウェルビーイングについて一緒に考えていきましょう！

contents

ファイナンシャル・ウェルビーイング
~幸せになる人のお金の考え方

第2章 自分の「仕事」と「幸せ」を考え直してみよう

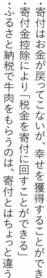

第3章 毎日の「出費」は減らして、「幸せ」は増やそう

第4章　「お金」の増やし方より、「幸せ」の増やし方を知ろう

・結婚しない、子どもはいらない、が幸せとは限らない

おわりに

年収が変わらなくても「お金の幸せ」を増やすことはできる！

・日本人の幸福度は前向きの自覚でもっと高まる！
・「現在」のお金の不安は、消費スタイルの見直しでかなり減らすことができる
・未来のお金の不安は、「見える化」と「適切な理解」で霧のように消え失せる！
・発想を変えれば、いつもの生活、同じ年収でも、幸せを増やすことができる！

第1章

自分の「幸せ」を意識的に買ってみよう

ウェルビーイングは、お金の問題抜きに成立しない

▼WHOが考える「健康」は、実はお金の問題？

近年、ウェルビーイングという考え方が注目されています。「よい（ウェル）状態（ビーイング）」を意味する言葉で、一般的には「幸福」と訳されます（本書でもウェルビーイングと連呼すると読みづらくなるので幸福と記すこともあります）。しかし、単なる幸福という概念ではありません。

肉体的、精神的にはもちろん、社会的にも「ウェルビーイング」な状態を健康というのだとWHOの資料では指摘をしています。

肉体的な健康はわかります。病気でないことでしょう。健康管理をして成人病を避けたり、運動をして長くアクティブな生活を送るほうがウェルビーイングが高いとい

えます。

精神的に、というのもわかります。近年、メンタルストレスに対する理解が高まりました。肉体的に健康であろうとも、精神的に疲弊し無感動な人生を送る状態はウェルビーイング的によい状態とはいえません。

ところがもうひとつある「社会的な健康」というのはなんでしょうか。実はこれがあなたの「健康」とお金の問題をつなげるテーマとなってきます。

▼OECDが考える「幸福」もお金の問題がカギになる

ウェルビーイングについてはOECDも定義や提言を行っています。「OECD幸福度白書5」では、「現在のウェルビーイング」と「未来のウェルビーイング（のためのリソース）」とに分けて整理し、それぞれのウェルビーイングの構成要素として以下の項目を掲げています。

現在のウェルビーイング

・収入と資産
・労働と仕事の質
・住宅
・健康
・知識とスキル
・ワークライフバランス
・社会的なつながり
・市民参加
・主観的なウェルビーイング
・環境
・安全

未来のウェルビーイング（のためのリソース）

・自然資本
・経済資本
・社会資本
・人的資本

ひとつおもしろいのは、個人だけでウェルビーイングを実現するのではなく、国や地方自治体が環境を整えることで得られるウェルビーイングもあるということです。

例えば、衛生的な上下水道の環境が完備されていること、ゴミの収集や警察・消防などが有効に機能し安全な日常生活が担保されていること、そして社会保障制度を通じて病気やケガ、失職や老齢時の経済的リスクをカバーする仕組みのあることなどは、公的な役割による部分が大きいものですが、これらは私たちのウェルビーイングを支える重要な要素なのです（実は日本はどの項目においても世界的にもトップクラスの整備がなされていることは、改めて認識しておきたいところです。知っておいたほうが、あなたのウェルビーイングはちょっと高まります）。

しかし、国が何でもやってくれるわけではありません。私たち自身が働き、暮らしていく中でウェルビーイングを高めていく取り組みもまた重要な位置を占めています。

▼ウェルビーイングの確保は、今と現在の経済的不安の解消が重要

ＯＥＣＤのウェルビーイングの項目を眺めてみると、幸福を構成するパーツのいくつかは、健康だけで成り立つわけではないことがはっきりします。いくつかの項目はお金の問題を解決する必要があります。

・働きがいを感じられる仕事を持ち、そこから納得のいく給与を得られること
・家計をコントロールし、収入を下回る支出で、満足度のいく消費を実現すること
・長期的なお金のニーズを把握し、備える取り組みをすることで未来の不安を縮小させること

などが、あなたのウェルビーイングを向上させると考えられますが、まさにお金の問題解決がその前提です。

「未来のウェルビーイング」という項目も興味深いところです。未来の不安がむくむくと膨れ上がっている状態はどうしても今と未来のウェルビーイングを高めてくれることにはなりません。「自然環境や社会資本の維持・充実」といったことが未来の幸せをもたらす基礎となるのはもちろんです。

しかし、ファイナンシャルプランナーとして注目したいのは、ひとりひとりのウェルビーイングを将来にわたって維持したいと考えたとき、そこには経済的な基盤や備えが必要だ、ということです。

例えば老後に対する経済的不安は自分自身の取り組みでしか解決できません。公的年金にしっかり加入し、もらえる年金はもらう権利を得ること（あなたが思うより公的年金は脆弱ではない）、退職金等の制度があればしっかり働き会社から多くもらえるようにすること（自分の働きが退職金額を増やす礎《いしずえ》である）、そしてｉＤｅＣｏやＮＩＳＡ、財形年金といった資産形成の税制優遇制度は活用して、老後の不安を解消する積み立てを行うこと、これらの取り組みがあってこそ未来の不安を軽くすることができるのです。

また、そのために基礎的な金融知識（マネーリテラシー）を有しておくことも、ウェルビーイング向上には欠かせません。例えば「どうせ年金制度なんて破たんするだろう」と誤解に基づき未納をしていた人は、実際に老後を迎えても一生働き続けるしかなくなります。資産運用についてもギャンブル感覚で臨む人はおそらく全財産を失うだけで終わるでしょう。

▼ファイナンシャル・ウェルビーイングの発想を持つ

本書では、ウェルビーイングの問題のうち、「お金のウェルビーイング」つまりファイナンシャル・ウェルビーイングについて考えてみようと思います。

特にウェルビーイングが重視する「幸せ」とお金のつながりに注目していきたいと思います。


幸せを多く持つために、お金はどういう役割を果たしていくべきなのか、お金を使って、あるいは使わなくてもウェルビーイングを高める方法はあるのか、ファイナンシャルプランナーの目線から考えてみます。

ウェルビーイング研究では、本来あいまいな幸福という概念をできる限り数値化し、また分析を行うことで、その真実に迫ろうとしています。

本書でも紹介できるデータがある限りはそうした知見も紹介して「ヤマサキの肌感覚だけの話ではない」というところも示していければと思います。

それではあなたの幸せをつかむ方法を、お金の問題をリンクさせながら考えていきましょう。

どうせお金を使うなら「気持ちよく」使うクセをつけよう

▼同じ10万円の旅行。喧嘩をするのか楽しむのか、違いはどこにある

同じ10000円、同じ100000円を使うのなら、気持ちよく使い、そのお金で幸せを感じるべきです。しかしこれが難しい。

例えばこんな話を聞いたらどう思うでしょうか。

ある老夫婦がたまには旅行でもと思い立ち、箱根の強羅花壇あるいは富士屋ホテルのような高級旅館の予約を取りました。

ところがふたり、行きのロマンスカーに乗った段階で「やっぱりこれはムダづかいじゃないのだろうか」「そっちが行きたいと言い出したんだろう」「こんな贅沢をして20年後も大丈夫なのか心配だわ」と言っています。

少し険悪な雰囲気のままチェックインをしたあとも喧嘩は続き、豪華な食事は味もわからず、ふわふわのベッドも落ち着かないまま一夜を過ごします。

翌日に観光でもと繰り出してみたものの、地獄谷をロープウェーから見ていると絶望的な雰囲気となり、つい身を投げてしまおうかと考える始末。

最後は帰りのロマンスカーで「こんなムダづかいをしなければよかった」「言い出したのはそっちだ」と言い争いをしながら家に帰るのです。

もちろんその後数週間も不機嫌な日々が続きます。


ファイナンシャル・ウェルビーイング的に良好な状態にある老夫婦が同じ予算、同じ行程で旅行に出かけるとこうなります。

年に一度の旅行予算は資産管理上問題ないものと把握されています。ですからそもそもお金を使ってもいいのだろうか、という心配や不安はありません。

「久しぶりの箱根は楽しみだ」「夢のクラシックホテル、一度は泊まってみたかったのよ」と行きのロマンスカーでは旅行の楽しみについて語り合っています。

気持ちよくチェックインし、おいしい食事を堪能し、温泉も高級ベッドも堪能します。年金生活者向けの平日プランなので館内ガイドもついていて「ここがチャップリンが泊まった部屋！」なんて喜んでいます。もちろん翌日の観光も笑顔でスタートします。

地獄谷をロープウェーから見下ろしても「絶景だねえ」とカメラを取り出しますし、むしろ「温泉卵買って帰らなくちゃ」とお土産を探す余裕もあります。「温泉卵を食べて、寿命が伸びちゃったねえ」「次の旅行は来年として、どこに行こうかしら」と笑顔で話しながら、ロマンスカーに乗って帰宅の途につくのです。

二組の老夫婦、「同じ予算」をかけながら、なぜ幸福度が違ってしまったのでしょうか。この問題、一度よく考えてみる価値があると思います。

▼「使っていい枠」がはっきりすれば、気持ちよくお金を使えるようになる

二組の老夫婦の違いが生じた最大の理由は、両者にマネープランの差があります。喧嘩している夫婦はその旅行予算が妥当なものかイメージを持っていません。だから「こんなに使っていいのか」と不安になっています。不安があれば旅行の時間を素直に楽しめません。それでは非日常の体験から生み出す感動も得にくくなり、結果として幸福度を下げています。

帰り道で「行かなければよかった」と喧嘩をしているなら、本当に旅行に行かないほうが喧嘩も不安もなく10万円も消えることがなかったでしょう。

仲良し夫婦のほうはおそらく、「年に一度10万円の旅行予算を設定しても、80歳くらいまで問題なくやりくりできるだろう」というイメージを持っています。冷静に考えれば10万円の旅行を65歳から15回出かけたところで150万円の予算です。月割で考えても8000円ちょっとの予算でしかないわけです。それが「見える化」されているからこそ気持ちよくお金を使えるわけです。

将来お金の尽きる不安というのは、私たちの幸福度に大きく作用しますが、特に年金生活者にとっては切実です。

しかし基本的な生活費が公的年金でやりくりできている家計なら、老後の破たんも心配はありません。公的年金は2か月に一度、何十年長生きしても振り込み続けてくれるからです（年金額の多いほうが先立った場合は、その一部を遺族年金として遺されたほうに上乗せしてくれる仕組みもある）。

自分の使うお金と、自分の未来に不安がない人は気持ちよくお金を使うことができます。これは幸せを感じるお金の使い方を考える基本です。

▼「ときどきの出費」「高額の出費」ほど気持ちよく使わないと損

お金の使い方を言うとき、「ケチ」とか「浪費癖」とかいろんな言われ方があります。でもここで着目されているのは「金額の多寡《たか》」のみであって、「満足度」「幸福度」の指標は入っていないように思います。

ファイナンシャル・ウェルビーイングの観点では、「満足度」や「幸福度」を獲得できているかに注目してみましょう。

満足度や幸福度を評価軸に置いた場合、あなたのお金の使い方はまったく違ったものとなってきます。真剣に考えれば考えるほど、満足や幸福を買うことは難しいことに気がつかされるからです。

10万円が1泊2日で消えていったとしても、10万円を使った以上の満足や幸福が得られたなら、それは決してムダではないわけです（逆にいえば、100均ショップでたった200円使っただけであっても、200円の価値も満足も見つからない出費となればこれこそはムダといえます）。

私たちは誕生日であったり還暦の記念であったり「イベント出費」については大型出費を許すと思います。これはその出費額が大きくなってもそれに見合う満足や幸せを得られるというイメージを持っているからです。

親が60歳になったとき、還暦を祝って家族が揃って会食をした時間は、10年以上たったあとでも心に残ります。それが椿山荘で10万円以上の予算がかかったとしても、誰もムダだとは思いません。

「ときどきの出費」「高額の出費」こそ、気持ちよく使って、後にも残るウェルビーイングを蓄えたいところです。

▼お金を気持ちよく使って「幸せを買える」高齢者になろう

モノを買う、サービスを買う、感動や経験を買う、いろんな買い物がありますが、何かを得ようとするとき私たちはお金を媒介に用います。それは現代に生きている限りやむを得ないことです。たいていの場合、お金を多く使ったほうが幸せになりやすいのですが、それも自覚あってこそです。

実はこの「幸せを買う」という感覚、高齢者になってくるほど意識したい発想です。そもそも若者はお金がありません。20歳代の独身者はやることはたくさんあっても、お金がありません。でも、彼らはお金がないなりにたくさんの感動や体験を手にしています。はじめてのデートは映画代と喫茶店の費用だけで一生ものの経験を手にしています。実に安いものです。

子育て世帯もたいていの場合、余裕がないままギリギリのやりくりを続けています。絞りに絞った家計から年に一度の旅行をやりくりするわけですし、高級旅館に泊まれないほうが多いでしょう。しかし、小学生の子どもと海に行った記憶は値段やサービスの質以上に輝いて残ります。

ある意味、人生の酸いも甘いも噛み分けてしまったからこそ、年金生活者のお金の使い方は難しくなります。若い人と同じお金の使い方では満足や幸福を感じにくくなっているからです。

だからといって、お金を貯め込んで死んでも、預金通帳の残高が最後の瞬間を幸せにしてくれるわけではありません。たくさんの幸せな経験、人間関係の積み重ねが、最後に目をつぶる瞬間にあなたの頭をよぎったのであれば、それこそが、幸せな人生だったといえるのではないでしょうか。

ウェルビーイングをお金で買い集める、というくらいの発想を持っていいのです。「孫に会いたいから庭にバーベキューできる道具を買って用意した」「残された時間で、まだ一度も見たことがない風景を見たいから、国内の世界遺産めぐりをしよう」でいいのです。

繰り返しになりますが、ちゃんと満足や感動が得られれば、そのお金はムダではありません。お金を気持ちよく使って幸せを集めてみてください。

高額の買い物は、3回幸せを感じられるよう工夫してみる

▼買い物で感じるウェルビーイングは3度ある？

何度か指摘しましたが、私たちはお金を使って幸せを買い求めます。物欲とよくいいますが、モノを買う先には自分自身の満足とか達成感とか幸福感の獲得があるはずです。

だとすれば、もう少し買い物とウェルビーイングの関係を見極めてみたいものです。もし「ウェルビーイングを3倍高める買い物術」があるとすれば、そこを追求してみるのはいかがでしょうか。

3倍とはどういうことでしょうか。

1つ目は「買ったあとの満足」です。あなたの消費がしばしばムダづかいと切り捨

てられてしまうのは、買ったあとに十分な満足を得ていないからです。

2つ目は「買った瞬間の満足」です。誰もが買い物をした瞬間、気分が高揚します。これをしっかり実感しないのはもったいないことです。

そして3つ目は「買う前の満足」になります。買う前の満足、というのはちょっと不思議な表現ですが、もしかするとあなたの買い物のコストパフォーマンスを高めるカギは「買う前」に潜んでいるかもしれません。

▼買ったあとの幸せ：長く幸せを感じ続けられるか

あえて消費前後のタイムラインを逆に説明してみましょう。最初に考える幸せは「買ったあと」「消費したあと」です。

スマホを買った、デジカメを買った、念願の車を買った、あるいはマイホームを買った……。買ったあとにどれだけ幸福感を感じ続けられるかは当然ながら重要な問題です。

衝動買いの失敗がよくないのは、高いお金を出して買った服などがそのままクローゼットの肥やしとなったりして「買ったあと」の幸福感につながっていないからです。

しかし、買ったあとに長く幸福を感じ続けるのはなかなか難しいことです。新車も徐々に傷んで古くなりますし、食品は食べれば消えてしまいます。スマホやデジカメも数週間は楽しくても、何か月か経てば当たり前の所有物となっていきます。

調査によれば、マイホームの所有でさえ、買ったあとの幸福度を維持することは難しいといいます。

買ったあとの幸福を得やすいのは「モノの所有」ではなく「経験」のほうです。経験としての幸福度は比較的「あとの幸せ」が持続しやすいとされています。

確かに、家族旅行に出かけた思い出話はふとしたときに食事中の話題になります。何年も前の楽しいイベントはいつまでも語り草になったりします。

デジカメそのものは旧機種となっても、そこで撮影した1枚の写真が楽しい経験を思い起こさせることになります。食事そのものはすぐ喉に入って消えたとしても、おいしい会食を楽しい友人と過ごした経験があればそれは心に残り続けるのです。

お金を支払ったあとにも、できるだけ長くウェルビーイングを維持できるかどうか、経験と結びつけて私たちは消費をしてみるといいのです。

▼買った瞬間の幸せ：ただしそれは一瞬で終わる

買った瞬間に得られる幸せは消費の楽しみのひとつです。実際、お会計をした瞬間、私たちの気持ちはアガります。

駅ビルのファッションテナントで服を買ったとき、お会計をし、服を包んでもらい、スタッフに紙袋を持ってもらい店頭まで一緒に歩く数分、そして「ありがとうございました！」とお礼を言われて道を歩く数分の高揚感というのは、どんな消費にもあるでしょう。

しかし、こうした喜びは一瞬で消え去るものです。自宅に着く頃にはもうすり切れています。

この種の高揚感は、特別な出費でないと得にくいものです。スーパーマーケットで食材を買って高揚する人はいません。そんなの毎日のことだからです。日常体験では買った瞬間の幸せは得にくくなります。

同様に、自動引き落としでの買い物にはこうした満足感が得にくいという問題点があります。Amazonプライムビデオに毎月あるいは年会費で課金されるとき、多くはクレジットカードから引き落とされているでしょうが「年会費が課金されて、1年分満足した！」という人はいません。

また金額に見合った満足も得にくいです。同じ1万円の買い物をしても店頭で買い物をして直接お金を支払ったほうが高揚感は感じやすく、ネットで買い物をして決済したときは同等の満足は得られません。

会費サービス、オンラインサービスの決済については「買った瞬間の幸福」が感じにくい分、サービスをしっかり利用して満足を確保しなければなりません。「会費の元を取るくらいは映画を観るぞ」のような感じです。

▼買う前の幸せ：徹底的なリサーチや自分へのじらしで満足度を高めよう

順番を後回しにしましたが「買う前の幸福」、これがファイナンシャル・ウェルビーイング的には重視したいポイントです。

欲しいモノがあるけれど、まだ予算が足りていないのでカタログを眺めてじれた日々を過ごす……誰でもそんな経験を若い頃にしているはずです。

でも実はこのわくわくする時間、あるいはガマンする時間を、その期待感も含めて消費の一部だと考えてみるとどうでしょうか。使ったお金から得られる満足度は一気に高まります。

毎月1万円を貯めて1年後に旅行に行くほうが、借金して旅行に行って1年かけて返済するより満足度が高まります。

家族旅行であれば、「この夏は沖縄行くぞ!」と春に宣言しておいたほうが家族の期待度は何か月も高まります。旅行ガイドを読ませて子どもに行きたいスポットを選ばせたり旅行計画自体に参加させるのもいい方法でしょう。

事前の時間を確保することは、買い物の期待度を高めることにつながるだけでなく、失敗も減らしてくれます。例えば、デジタル一眼レフカメラが欲しいなら、WEBのレビュー記事をチェックし、また店頭で何度か店員と相談してみると、本音の助言を得ることができます。高額出費をしたあとに機能の低さにショックを受けるようなミスを回避するにも「買う前の時間」が生きてくるわけです。

そう考えると、店頭での「ひと目惚れ即決買い」がダメな理由がよくわかったと思います。買う前の幸福がゼロの買い物だからこそ、あなたのウェルビーイングを高めてくれないと説明できるからです。

特に年配者ほど、じっくり考える時間を大切にしたいものです。あなたにとって、1か月くらい悩むのは人生にとってたいした問題ではないのです。むしろじっくり悩んで決断することで、「買う前」「買うとき」「買ったあと」のウェルビーイングを3倍に高めることができるのです。

ウェルビーイング視点で考える幸せな投資術、不幸せな投資術

▼投資のイメージはあまりよくないが本質を見てみよう

私たちは「投資」というと悪いこと、あるいはギャンブルに近いイメージを抱いています。

確かに「投資詐欺」に該当する刑事事件は毎年何件か発生しており、数十億円を集めて首謀者は使い込んでしまっています。

あるいは為替取引（FX）やビットコイン等の暗号資産取引などで資産を一瞬にして失った人のエピソードなどは聞くだけでも恐ろしいものです。

しかし、本来の投資はそう悪いものではありません。多くの人は会社員として「株式会社」に勤めますが、株式というのはビジネスのリスクをシェアし、また成功の果

実も分配するよくできた仕組みです。宇宙に経済活動の範囲が広がる未来になっても株式会社の考え方はおそらく残り続けるでしょう。

あなたが株式投資をしたとします。例えばトヨタ自動車やソニーの株を買うイメージをしてください。今すぐには必要としない資金で株を買うということは、そうした企業の経営資金の担い手となることです。

トヨタ自動車がプリウスを開発するには、「一歩先」のビジネスをにらんで開発資金が必要でした。プロジェクトXの番組が1本作れるような試行錯誤があってプリウスは完成したわけですが、これがなければ世界トップの自動車メーカーにはなり得なかったでしょう。そのためには投資家の存在が必要だったのです。

投資資金は企業を成長させるだけではなく、社会を豊かにします。トヨタ自動車のプリウス、ユニクロのフリース、任天堂のSwitchなど、世の中を便利で豊かなものとしたからこそ、大きな売上につながり企業を成長させてきたわけです。

そして企業の成長は株主へ還元されます。株価の上昇は株主のプラスであると同時に、株主には利益の一部が配当として分配されることがあります。直近の配当利回りは2・00％を超えるほどで、これは超低金利である定期預金の金利をはるかに上回るものです。

企業の成長、世の中の発展、そして投資家の利益が同時に成立するのが投資の本質的な役割です。

▼「投資家」と「投機家」はどちらがウェルビーイングが高いか

ファイナンシャル・ウェルビーイングと投資の関係を考えてみるとき、2つの視点で考えてみる必要があります。

1つ目の視点は、企業の成長が社会に資することで得られる投資家としての充足感です。あなたのお気に入りの会社が世の中に受け入れられる大ヒット商品を開発すれば、あなたに高い満足感をもたらし、ウェルビーイングを高めます。

「この会社、まだ小さい頃から、オレが投資していたんだぜ」なんて、一度は言ってみたいセリフでしょう。

もう1つは「お金が増えるかどうか」という視点です。これも重要なことで、どんなに社会貢献をする企業であっても利益を出せなければ株価は下がり、いつか市場から撤退していくことになります。排出ゴミゼロの工場を建設しても、そもそもの商品が価格競争に敗れてはいけません。投資は最終的にお金を増やす手段であることは忘れてはいけません。

企業の成長から得られる株価の上昇や配当があってこその投資です。


このとき、投資スパンをどの程度に設定するかどうかがひとつの分岐点となります。中長期で投資を行うか、短期で投資を行うかです。しばしば投資の代表格として語られるデイトレードやFX取引ですが、こうした売買は経済の成長にはほとんど興味がなく「短期的な増減」だけに着目しています。これは投資ではなく「投機」です。

投機的な短期売買を行う場合、企業の中長期的な成長には期待していないことになりますから、投資から得られる2つのウェルビーイングのうち、片方しか求めていないことになります。

ファイナンシャル・ウェルビーイング向上の選択肢としては、「投資家」として中長期の企業や社会経済の発展を視野に入れた資産運用をするべきだと思います。

▼気持ちよく「投資」をしてお金を増やしていこう

投資のやり方はいくつかあります。個別の株式を保有する株主になる方法もあれば、投資信託などを通じてひとつの商品で何十・何百社の小口株主になるような投資方法もあります。

初心者については投資信託を活用したほうが少額から分散投資が実現できるので便利です。証券会社によっては1回100円で全世界の株主となるような投資信託を購入することもできます。

しかし、個別株で投資をするほうが投資のウェルビーイングは高いかもしれません。株主総会への出席などを通じて自分が直接企業の経営に関与している感覚が得られるのは個別株の投資の魅力です。これに対し、同時に何百社に投資をするような投資信託では企業との一体感はなかなか得にくいものです。

ただし、個別株の投資はリスクは大きくなります。個々の企業の値動きと「日本株の平均」「米国株の平均」の値動きは前者のほうが激しくなり、うまくいけば平均以上の大幅上昇となる一方で、外れを引くと大幅下落に巻き込まれます。

個別株での投資でも投資信託での投資でも、投資はあまり短期的に考えないことがこうしたリスクを軽くする方法のひとつです。明らかにダメな企業に手を出してしまったのなら見切りをつける必要もありますが、地力のある企業は、短期的に下落しようとも困難を跳ね返す力があるからです。

一時期ソニーの株価が大幅下落し「ソニーショック」が起きたとき「ソニーは終わりだ」と言われたことがあります。しかしソニーのカメラ部品を中心としたエレクトロニクスの技術、プレイステーションを中核としたエンターテイメントビジネスは他にマネのできないものでした。時間はかかったものの、しっかり業績を回復させ株価も倍増するところまで盛り返しています。焦って値下がり時に売った人だけが損をしたというわけです。

気持ちよく投資をしたら、「あとは現場に任せた」とばかりにのんびりかまえて企業や社会の成長を信じて託していきましょう。そのほうが高いウェルビーイング獲得にも通じていくはずです。

▼物質的に気持ちいい「株主優待」はウェルビーイング的にありか

ところで、個別株投資といえば株主優待も魅力です。株主優待は個人株主を増やしていくために、一定の株式を保有している株主に対して商品や金券、割引券などを提供する仕組みです。

個人株主が多いことで有名なカゴメは積極的に個人株主とのコミュニケーションを図るだけでなく、株主優待として自社製品を送ってくれます。イオンは株主がイオングループの店舗で買い物をした場合、その一定割合を還元します。オリエンタルランドの株主となれば毎年ディズニーランドのパスポートチケットをもらえます。

企業のファンとなって、株主になり成長を応援することが、物質的なプラスにもなると考えた場合、ウェルビーイング的にはなかなか心地よい仕組みといえます。

一方で、株主優待を目的として投資をしてしまうと「偏り」が生じてしまうことには注意が必要です。

例えばイオンやオリエンタルランドの株主優待にばかり目が向いてしまうため、日立製作所やNECの株を買おうと考えなくなります（どちらも株主優待はない）。本業とは無関係に、お米や商品券を株主優待している企業もありますが、そうした企業を選ぶのは本来のビジネスと無関係に「おまけ目当て」で投資をしていることになり、これも投資判断に偏りが生じます。

また愛着が投資では必ずしもプラスとはならず、判断をゆがめることもあります。株主優待をもらうことで当該企業への判断はどうしても甘くなります。業績も右肩上がりで優待ももらっているのならいいのですが、縮小の続く業界で業態変更にも失敗しているような株を持ち続けるのは、長期投資といえどオススメできることではありません。どこかで見切りをつけるのもまた、投資には必要だからです。

投資とあなたのウェルビーイングの関係は、語り出すともう少しテーマがありそうです。まずは「気持ちよく投資をする方法」は何だろうか、自分に問いかけてみるところからスタートしてみてください。

「お札の寄付」で味わう ファイナンシャル・ウェルビーイング

▼「お札」で寄付をしたことがあるか

ＷＨＯの幸福度調査では寄付行為の有無を幸福度の指標のひとつとしています。寛容さの指標として用いているのですが、これが調査国内ではほぼ最下位に近いことは、日本が幸福度ランキングで中位にとどまっている理由のひとつになっています。

ウェルビーイングの基本的な研究成果のひとつに、寄付行為は自身の幸福度を高めるというものがあり、これが調査に反映されたものです。欧米では寄付という行為は一般的であり、他者への寛容と社会的な連帯意識を持つことが、宗教的な取り組みも含めて一般的であることがあげられます。

では日本は、というとまだまだ寄付文化が根付いているとはいえません。江戸期には「講《こう》」と呼ばれる村民内の互助の仕組みがあったのですが、これは明治の近代化において西洋的な寄付とはうまく結びつかなかったようです。

それでも、近年の若者は寄付意識が高まりつつあります。特に東日本大震災時には多くの人が寄付をしたりボランティア活動との接点を作ったりしています。

ただ残念なのは募金箱へ小銭を投じるのが寄付だと思われがちなところです。実は寄付は「お札」で考え、また「寄付をする団体を選ぶ」ところまで考えるようになると、ウェルビーイング上は大きな意味を持ちはじめます。

▼寄付はお金が戻ってこないが、幸せを獲得することができる

寄付というのは貯蓄と対比すれば純粋に資産の減少に当たります。高額の寄付はすなわち個人の資産残高の減少です。

また、寄付を投資と対比すると、誰かの活動に資金を提供する点では類似するもの

の、基本的にリターン（見返り）を求めない行為であるところに特長があります。

投資は企業の成長に伴う投資資金の価値の増大を期待しています。どんなに「この会社が好きだから」と言ったところで「10万円の株が5万円になることを望んでいる」という人はいません。

しかし、資産の減少があったとしても、寄付をすることで私たちは精神的には満たされるというわけで、「満足を買う消費」に近いかもしれません。

例えばクリスマスは聖なる気分に包まれるシーズンですが、赤い羽根募金に寄付をすれば恵まれない子どもへお金を投じたことで、すっと気持ちよくなります。

この「実感」は寄付の重要な要素です。寄付はあなたがどこへお金を渡すか自己決定することができます。

例えば私はＷＦＰ（ノーベル平和賞も受賞している国連の取り組み）に寄付をしていますが、震災被害や難民支援でのフードプログラムの取り組みも行っていることで有名です。私は特に、学校給食の充実による新興国での教育機会の提供という取り組みに感銘を受けて、毎年わずかながらの寄付を続けています。

あなたが何か社会的な課題を痛感していて、それを解消すべく取り組んでいる団体があったら、寄付を考えてみてください。シングルマザーの支援、科学技術発展の支援など、自分なりに応援したい団体がきっとあるはずです。

自分が寄付をしたことで喜びと協調を感じることのできる対象をぜひ見つけ、「お札で寄付」をしてみてください。

団体によっては活動報告をレポートしてくれることもあり、目を通せばより深くウエルビーイング向上につながってくることでしょう。

▼寄付金控除により「税金を寄付に回すことができる」

日本においては寄付に関する税制優遇制度があります。寄付金控除がそれです。

寄付金控除は、その活動が認められている所定の団体（NPO等）への寄付についてはー定の税制優遇を認めるものです。税額控除があるのも特長で、「(寄付金額−2000円）×0・4」が還付対象となります。

これを言い換えれば約4割分は税金をその寄付をした団体に付け替えてもらうようなものです。

仮に5万円を寄付し、1万9200円を還付されたとしたら、これは実質的には「国から1万9200円分をNPO等に寄付してもらい、自分で負担した寄付は3万0800円分」ということと同じです。

これはなかなか痛快な仕組みです。しばしば「国はなぜ○○の社会的取り組みにお金を回さないのか」と憤慨することがありますが、あなたが寄付という行為をすることで、強制的に国に補助金を渡させるようなものだからです。

あなたが人工衛星はやぶさの取り組みに感動しJAXAに寄付をしたとすれば（寄

付金控除の対象団体です）、国の税金からＪＡＸＡへ約４割を回してもらうような感じです。

つまり、あなたの「寄付」というアクションが、国に社会的な支援をさせたことにもなるわけです。

寄付はやってみるとわかりますが「自分が応援する団体をセレクトする決定権を持つ」という部分で大きなウェルビーイング獲得につながる行為です。しかも国も巻き込むことができるとしたら、これほど痛快なことはないでしょう。

▼ふるさと納税で牛肉をもらうのは、寄付とはちょっと違う

ところで、寄付の話をするとふるさと納税の話と結びつける人が多いのですが、こちらはちょっと寄付の本意とはかけ離れている行為です。

ふるさと納税は、税法的には「寄付金控除の枠」を使っていますが、実質的には居

住地から他の地域への税の付け替えです。これに返礼という名目でふるさと納税額の30％を上限としたお肉や魚やお米などが贈られ、各自治体が競い合っています。

例えば東京23区内の住民が他地域にふるさと納税をすることで708億円が流出しているといわれます（2022年度。東京新聞推計値）。その移し替えという行為が牛肉やお米をもらう原資となっています。そしてその分、自分の居住する地域の地方自治財源に不足が生じています。

じゃあ、ふるさと納税を受けた地方自治体が儲かるのかというと、あなたに牛肉を払う分、全額を受け取るわけではありませんし、ある報道ではふるさと納税で一番儲かっているのは「ふるさと納税ポータルサイト（地方自治体から手数料や広告収入をもらう）」だという指摘があったりします。

ウェルビーイング的に考えたとき、ふるさと納税は「物質的幸福」を手に入れる手段ではあるかもしれません。しかし、精神的なウェルビーイングを獲得する手段とはいえません。仕組みを知れば知るほどもやもやとします。
私は子どもを区立の保育園に通わせてきたので、区民税を他地域に付け替えるなんてできませんし、「合法なのだから」とメロンをもらったところで嬉しく感じないと思うので、ふるさと納税をしていません。

あなたが「私は居住地の地方自治体からは何も還元されていない！」と断言するならそれもありでしょうが、仕組みそのもののいびつさを理解したうえで、それがウェルビーイングとしてどうかは自分に問いかけてみてほしいと思います。

寄付やふるさと納税について考えてみると、ファイナンシャル・ウェルビーイングの向上は単なる利得だけで成り立つわけではない、ということが実感できるのではないでしょうか。

第2章

自分の「仕事」と「幸せ」を考え直してみよう

1億円の生涯賃金増ができなくても、仕事から得る「幸せ」は増やせる

▼年収を増やすだけがウェルビーイング向上策ではない

別の項目で「年収を増やすことはウェルビーイング向上の第一歩」というようなことを書いています。特に若い世代にとっては重要なチャレンジですが、仕事とウェルビーイングの関係を考えたとき、年収を増やすだけが選択肢ではないということも指摘する必要があります。

特に40歳代後半から50歳代になってくると、年収を増やす余地は小さくなっていきます。会社の規模の問題から年収増の余地は限られてきます。昇格昇給レースもほぼ確定して、自分のキャリアの天井もほぼ見えてきます。

今さら生涯獲得賃金を1億円上乗せすることはできません。しかし、ファイナンシ

ャル・ウェルビーイングとして考えれば、「幸福」のほうはもっと増やせるかもしれません。

それは「働きがい」の部分です。

▼「億」を持っていてリタイアした若者は、なぜ再就職するのか

本書でも何度か触れますが、ＦＩＲＥというライフスタイルが若者に注目されています。Financial Independence, Retire Early の略で、経済的独立を早期に実現し、早期リタイアを目指すものです。

ところが1億円近い財産をこしらえて早期リタイアした人が、しばらくして再就職することがあるそうです。会社員を卒業してリタイアしたはずが再び働き出すということで「ＦＩＲＥ卒業」といわれます。

彼らが働く理由はお金ではありません。じゃあなんで働くのかといえば、「働きが

い」や「人との接点」への渇望なのです。

どんなにお金があっても、孤独で人との接点もない生活は虚しく、むしろメンタルの不調を招くことがあります。お金があることはファイナンシャル・ウェルビーイング的にはプラスに働くはずが、それ以外のバランスを欠くとお金だけでは幸福を感じることができないわけです。

同僚との朝の挨拶、ちょっとした雑談やたまに飲む居酒屋での笑い話は、実は人間が人間らしく生きていくために重要なパーツであり、また仕事でお客さんからもらう「ありがとうね」のようなひと言やプロジェクトが完了したときの達成感もまた、私たちのウェルビーイングを構成しているのです。お金を得つつ、私たちは働きがいという「無形の財産」も手に入れているのです。

アメリカではこれを「バリスタFIRE」というスタイルで紹介しています。スターバックスなどのカフェでバリスタとして働き、年収よりも常連や同僚とのコミュニケーションに価値を見いだす働き方です（また、社会保険料を会社が払ってくれるのも大きい)。

ニューヨークのカフェで、年収20万ドルの運用会社のファンドマネージャーにカフェラテを作ってあげるアルバイトのバリスタがいます。まさかバリスタの彼が億万長者だとは誰も思わないでしょうが、彼はアルバイトでも楽しく働いています。

年収20万ドルのファンドマネージャーのほうがストレスを抱えていて、ウェルビーイング的には負けているかもしれません。

年収の多寡だけがウェルビーイングの量を決めるわけではないのです。

▼あなたが少しだけ変われば、職場の空気も少しだけ変わる

職場の働きがいに対するウェルビーイングを高める方法は、他人が行うわけではありません。あなた自身がちょっと変わってみることです。

私はよくエレベーターではパネルの脇に立ち、1階に降りてきたら「開く」ボタンを押したままにして同乗者を皆先に行かせます。オッサンになるほど偉そうに中央に立ってさっさと出て行くものですが、やってみると気持ちのいいことだと気がつきます。

私より若い人が先に降りるとき、軽く会釈をしていきますし、小声で「ありがとうございます」と声をかけてもらうこともあります。いい気分です。

たかが「開く」ボタンを押す役を担うだけでウェルビーイングが向上するのですから悪くありません。エレベーターの立つ位置を変えるだけで、あなた自身の仕事のウェルビーイングが変化するかもしれません。

「ありがとう」とか「おつかれ」とか口に出してみるだけでもいいでしょう。職場の空気がぐっと変わります。

会議室に人よりちょっと早く入って、雑談をして待っているほうが、遅れて行ってみんなをイライラさせるよりずっといいことです。

仕事の取引先、特にあなたの会社から仕事を受ける下請けの方にも優しくしてみましょう。事務的なやりとりだけではなく「いつもありがとうございます」とメールや電話でひと言添えるだけで、相手の気持ちが全然違ってきます。以降のやりとりがちょっと優しくなると、あなたも気持ちよく仕事ができるようになります。

床にごみが落ちていたら、誰かに拾わせるのではなく自分が拾えばいいのです。

そんな小さな変化は、自分自身の仕事を気持ちよいものとしますし、周囲も変化させていきます。

どうせ同じ年収だったら、心地よい職場で気持ちよく仕事をしたほうがウェルビーイング的には大きくプラスになるはずです。

▼ホワイト企業に勤めることは、給料の問題以上にあなたを幸福にする

実際にあった話をひとつ紹介しましょう。私の知り合いで今の職場の人間関係や仕事の内容にはまったく不満を持っていなかった人がいました。ただ問題はあまりにも会社の規模が小さく、賃金も安くしばしば給料の遅配も起きていることでした。

30代に入り、一念発起し転職活動をしたところ、年収が倍増以上になる働き口を見つけました。彼の能力は確かでしたが、それ以上に今の会社の年収が低過ぎたのです。

転職をしてみたところ、職場の人間関係もよく、スケールの大きいやりがいのある仕事を任されるようになりました。転職をする前に、転職をためらわせていた「職場の人間関係」「仕事内容の満足度」という要素が維持されただけでなく、むしろ全体としてアップグレードしたわけです。

ホワイト企業、ブラック企業とよくいいますが、ホワイト企業は給料や賞与がしっかりしているというだけではありません。実は職場の人間関係でハラスメントがなか

ったり、能力のある人材にやりがいのある仕事を与えているからこそホワイト企業たるゆえんなのです。

そして、そうしたウェルビーイング向上の取り組みそのものが企業に優秀な人材を集め、企業をさらに成長させています。

近年、企業は「ウェルビーイング経営」を経営課題として掲げ、評価指標（KPI）を策定するようになっています。自分たちの「ホワイト」なイメージをさらに具体的に分析し、確立していく努力をしているのです。

あなたもせっかく働くのであれば、仕事そのものにウェルビーイングを高める余地を見いだしてみてください。

もしかしたら、あなた自身が会社全体のウェルビーイングを高める役割を担うこともできるかもしれません。会社全体のウェルビーイングを高められれば、それはあなた自身のウェルビーイングも大きく高めること請け合いです。

若者はまず年収をある程度増やす。それが幸福度も高めてくれる

▼若い人のウェルビーイング向上の近道は「キャリアアップ」

ファイナンシャルプランナーの観点で、若い人のウェルビーイング向上策をまずひとつ挙げろと言われれば迷わず「キャリアアップ」と答えます。

かつてフリーターのような生き方がもてはやされたものですが、今では非正規は不安定な生き方であると認識されるようになりました。雇用の安定性に欠けるというだけでなく、純粋に年収の伸び代が違うからです。非正規雇用は年齢に応じた賃金増の余地がほとんどありませんが、正規雇用はキャリアアップに応じた年収増が大いに期待できます。

厚生年金適用、賞与、退職金などを含めると待遇の格差は2億円近いものになったりします。

働くのであれば正社員としてしっかり働くこと、そして自分の能力を高め徐々に年収を増やしていくことが個人のファイナンシャル・ウェルビーイング向上の第一ステップです。

本書の冒頭でWHOやOECDのウェルビーイングの話をしましたが、「経済的な安定」の獲得はあなたの幸福度を本質的に向上させる力となることを示しています。まず安定的な収入が増えることで経済的基盤が固まり、目の前のお金の不安を軽減します。同時に年収の上昇は将来の出費に備える貯蓄を可能とするようになり、未来の不安も軽減していく力にもなります。

大学生が正社員で入社したとしても、そこはまだスタートラインです。月20万円程度の初任給とボーナスからスタートする20歳代のビジネスキャリアを、その後どう発展させ、年収をプラスしていくかが重要になります。

▼日本では650万円くらい稼ぐとぐっと落ち着く

それでは年収300〜400万円台の若者はいくらくらいのキャリアを目指すと幸せになれるのでしょうか。ファイナンシャル・ウェルビーイングとしては気になるところです。

ノーベル経済学賞も受賞しているダニエル・カーネマン教授が行った幸福と年収に関するレポートはウェルビーイングの世界ではよく取り上げられます。

年収が7万5000万ドルに達するまではおおむね「年収増＝幸福度増」になり、年収の増加がウェルビーイング向上に影響してきます。

しかし、7万5000ドルのラインを超えたあたりから、年収増と感情的な幸福度増は比例関係ではなくなる、というものです。

これをわかりやすくいえば、まず第一に「ある程度稼いで、生活に困らなくなるまでは、年収増が幸福度向上の近道」であるということです。

確かに年収240万円でギリギリのやりくりをしている人が年収480万円になれば赤字のリスクは下がり、より豊かな消費が可能となります。満足度は大きく向上するでしょう。

一方で、ある程度の年収を超えると基本的な生活水準は満たされる一方で、その維持の負担のほうが増していきます。1000円のランチが平気になった人が1500円のランチを食べたところで、感動は50％増しにはなりません。累進税率も高所得者には課せられるので低年収の時代ほど昇格昇給が実感しにくくなります。

そうした関係が生じるため「生活に困らないよう稼げるようになってくると、むしろ年収で幸福度を高められなくなる」というわけです。

（これは別の見方をすれば、高所得者は「年収以外」で幸福度を高める工夫が必要ということですが、これは他のパートで案内をしていきましょう）

さて、同じことは日本でも通用するのでしょうか。日本円に換算すると1ドル120円換算で年収900万円となりますが、アメリカはインフレも続いており、単純なレート換算では説明がつかないと思います。

今のところ日本は諸外国より物価が安いこともあって、私は年収650万円くらいをひとつの目安と考えています。ここまでは年収増によって得られる生活水準の向上が割と正比例で感じられるイメージです。ただし長期的には十分ではありません。

年収が900万円を超えてくると住宅購入や子育て費用の確保にも一定のメドが立ってきます。ただし稼ぎとプライベートの充実を両立させるのは苦しくなってきます。

単身者（生活コストはファミリーより下がる）か夫婦（共働きで合計所得で考えることができる）か、子どもが何人いるか、住宅ローンの負担はどれくらいかなどで条件はまったく変わりますが、若い世代はキャリアアップによる年収増が、ウェルビーイングを大きく向上させることになるのは間違いありません。

▼ひとりでできるキャリアアップ、夫婦でできる総所得アップ

さて、ある程度の年収確保がウェルビーイング向上に資するとわかれば、年収増を考えてみるべきです。しかしほとんどの人が自分の年収を高めることに無頓着です。なるようにしかならない、と考えている傾向があります。例えば、

・今の会社で自分の年収を増やすための選択肢は何があるか（資格を取って資格給をいくら得られるとか、昇格昇給のチャンスをつかめばいくら給与が増えるのか、どうすれば昇格できるのかとか）

・今転職したら自分はどれくらいの年収のオファーが受けられるか

くらいは把握しておきたいところです。

まず、自分の能力はいくらの価値があるか、あるいは自分の価値を高める方法は何かは把握しておきます。攻略法を知らずに年収アップを試みるのは無謀です。

若い世代においては、自分への投資が大きな費用対効果を発揮することがあります。特に資格のような形でわかりやすくハクをつけるのは効果的です。知識の体系的習得

にもなりますし、対外的に能力を示すことができるからです。

雇用保険には教育訓練給付金の仕組みがあって、スキルアップの費用の一部が助成されます。働きながらもらえる数少ない給付ですから、ぜひ利用してみたいところです。

また、結婚しているのであれば夫婦での「合計所得増」を図ることも効果的です。近年では寿退職する女性は減少しましたが、育休を取得しつつも復職後に仕事を断念する女性はまだ多いようです。これは生涯の合計所得を考えたとき、あまりいい選択ではありません。

ただし、これは女性の問題ではありません。女性側に家事や育児はそのまま押しつけて、年収だけ維持させる男性のほうに問題があります。これでは女性側のストレスになり、家族全体のウェルビーイング向上にはならないことに注意が必要です。

共働き夫婦の男女の年収比は「夫6：妻4」が多いようですが、家事や育児の分担は「夫2：妻8」が多いようです。

女性に稼ぎ続けてほしいなら、男性も「共家事・共育児」をすることが前提だということは意識しておきましょう。

▼「稼ぎ頭」をひとりで背負わないこともまたウェルビーイングにプラス

芥川龍之介、夏目漱石といった文豪は、強いストレスを抱えていましたが（芥川は自殺、夏目は胃がんで亡くなる）、そのストレスの一因として「家族の食いぶちをひとりで稼いでいた」というものがあります。

芥川などは親類の金銭トラブルに巻き込まれて奔走することになったことが、晩年の悩みであったことが知られています。夏目漱石は東大教授（当時は東京帝大）だけでなく、一高、明治大学でも教鞭を振るっていますが、これは親族を含めて養う重責があったからとされます。

家長が家族を養うというプレッシャーは現代でも重いストレスです。戦後の高度経済復興期には「男が外で家族全員分を稼ぐ」「妻が家で家庭全般をみる」という分担が効率的でしたが、今はそういう時代ではありません。

私自身も、夫婦共働き（妻は正社員）で働いていることが家計をどれだけ安定させ、私自身の不安軽減に役立っているかわかりません。

男性にとっては、共働きを肯定し、ひとりで家族全員分を稼がなくてもいい、と考えることでウェルビーイングとしては幸せになれるのではないかと思います。

そして、男性が定時退社し家事育児を分担することが、家族全体の稼ぎを増やしていく力となり、家族全体のウェルビーイングを高めてくれることになるのです。

「定年まで働かされる」の発想から卒業すると人生とお金の問題が変わる

▼自分の「引退年齢」を考えてみる

あなたは何歳まで働き、リタイアするつもりでしょうか。

「いや、真剣に考えたことないな……」

という人が多いと思います。あるいは、

「国の年金が出るまで？」

とばくぜんと考えている人も多いと思います。

あなたが20～30歳代ならそれでもいいでしょうが、アラフィフの年代以降になってきたらそろそろ引退年齢のイメージを持っておくべきです。

仕事とウェルビーイングの関係を考えたとき、「いくらもらえるか」の問題の次に大事になるのは「いつまで働くのか」という問題であるからです。

現状をまず確認しておきましょう。

会社は定年年齢を60歳より低く設定することはできません。一時期定年45歳制という意見を述べた会社役員が批判されましたが、そういう制度は労働法制上不可能です（実はその方の会社は65歳定年であり、むしろホワイト企業であったりします）。

逆に65歳までは希望する者全員を会社は雇い続ける義務があります。ただし定年を65歳とするのか、60歳からはいったん正社員の座を降りてもらい継続雇用とするのかは会社の自由です。

継続雇用制度がある場合、一般的には賃金は大きく下がります。一方で国の年金の標準受給開始年齢は65歳ですから、多くの人は60歳代前半も働いています。

▼リタイア年齢は高くなるが多様化していく

さて、今現在の法律では65歳までは継続雇用も含めて希望者を雇用しなければならないと述べましたが、努力義務規定ではこれを70歳まで引き延ばすよう企業に求めています。おそらく5～10年内に70歳雇用確保が義務化されていくことでしょう。

しかし実態ははるかに先行していることをご存知でしょうか。厚生労働省の調査によると、「65歳定年企業」の割合が実は22・2％となっており、5社に1社はすでに65歳定年を実現しています。この場合、正社員としての待遇を維持して60歳以降も働き続けられるということです。

次に「65歳を超えて働けるか」で見てみます。

法律上の70歳までの雇用確保措置の要件をすでに満たしている企業は、すでに27・9％あります。

単純に65歳を過ぎて66歳以降も働けるとした場合では40・7％、つまり4割の会社が環境を整備しています。

さらに70歳以上でも働ける職場は39・1％となっており、66歳以降も働ける会社のほとんどは70歳を超えてもかまわないとしているのです。

これは大企業より中小企業のほうが先行しているのも特長です。大企業は人減らしのほうに目が行きがちですが（むしろ50歳代で割増退職金を提示し早期退職を促したりする）、中小企業は長く働いてもらうほうに主眼があるわけです。


公的年金の受給開始年齢は現状では65歳を標準とするスタンスを変えていないので（実は閣議決定までしている）、「60〜64歳から早くもらう（早くするほど減額される）」「普通に65歳からもらう」「66〜75歳まで遅くもらう（遅くするほど増額される）」という「自由選択制」になっています。

しばしば「年金受給開始年齢は引き上げられるに違いない」という意見がありますが、その前提となる給付水準の引き下げは別の策で手当てしてしまったので、私は可能性は低いとみています。

（引き下げとの見合いでいえば、すでに67歳ないし68歳から受けはじめて年金増額をすると従来の制度と遜色ない年金水準になる）

ここで重要なのは「みんなが70歳ないし75歳まで働く時代になるわけではない」ということです。ひとりひとりの健康状況、資産状況、仕事へのモチベーションは大きく異なるからです。

私は今後のリタイア年齢は多様化するものと見ています。

▼働かされる発想からすぐに脱却しよう

ここまでは「年金受給開始年齢が引き上げられる（65歳）」→「それに合わせて企業の雇用確保年齢を引き上げる（65歳）」→「引退年齢は65歳」という形で3つの数字が一致していました。だから私たちは「60歳だと思っていたら65歳まで働かせるのかよ」と言いつつも65歳をイメージしてきました。

それはある意味、シンプルでわかりやすい構図でした。

リタイア年齢が一律に定められるから、私たちは受け身になってこれを捉え、「死ぬまで働かされる（実際には65歳なら死ぬまでまだ時間はたっぷりあるのだが）」という固定観念に縛られてきました。だから会社に対して不満たらたらになります。

しかし時代は変わりました。会社はもっと長く働いてほしいと考えるようになっています。しかし、公的年金は中立的であるとしたら、「65歳＝65歳＝65歳」の構図はもう崩れてしまっているのです。

リタイア年齢のテンプレートがなくなったとしたら、誰が引退年齢を決めるのでしょうか。

それはあなた自身です。

いつ辞めるのかは自分が決める時代が、おそらく歴史上はじめてやってきます。かつて、武士や商人などの家督を譲るシチュエーションくらいが、自由に引退年齢を決める仕組みでしたが、働く人は誰でも自分で引退を決められるようになるのです。

（といいつつも、実際には家督を譲るためにはいろんな「調整」をする必要があり、特に武士の家督相続はなかなか大変だったようです）

▼自分で引退年齢を決めれば、仕事からのウェルビーイングが大きく上昇する

いつまで働くのか、イメージを持ちましょう。これはマラソンのゴールをはっきりさせるようなものです。

なんとなく65歳まで働くつもりが、60歳到達時に70歳リタイアに変更されてしまうのはメンタル的にもしんどく、仕事のウェルビーイングが低下します。

マラソンでいえば、42・195キロのゴールが見えてきたとき、いきなりゴールテープが5キロ遠方に設定され、「さあもう5キロ、ラストスパート！」と言われるようなものです。ほとんどの人は足が止まってしまうでしょう。

自分のリタイア年齢は自分で決めるのです。

「65歳でスッパリ辞めてやりたいことをやる（そのための経済的算段はつける）」

でもいいでしょうし、

「70歳まで働いてもいいけど、65歳以上、実際働くかは条件次第だな（だって年金はもらえるし）」

でもいいでしょう。

どちらの場合も、国や会社に自分の人生の辞めどきを決めさせないことが、あなたに強烈な快楽、ウェルビーイングの向上をもたらします。なんならいっそ、人事部に頭を下げさせて「もっと長くいてほしい」と言わせて、あなたは仕方がないなあと数年予定を延長したっていいのです。おそらくとてつもない快感が得られるでしょう。

プロスポーツ選手は自分の体力的限界を踏まえつつも自分で引退時期を決めることができます。野球選手の引退記者会見などはテレビでもよく報じられますが、彼らの引退は「引退時期は自分で決める」という快楽はあっても「その後の経済的不安は残る」というリタイアです。

実は会社員の引退はもっと気持ちよく決断できます。少なくとも公的年金の受給が得られるなら経済的不安は大きく縮小するからです。

「定年年齢まで仕方なく働く」発想をしている人は不幸です。同じ仕事、同じ年収であったとしても、あなたは「自分の辞めどきを自分で決められる人間」として働いてみてはどうでしょうか。50歳代の働き方がまったく違ってくるはずです。

65歳の「前後10年」の出処進退が人生を通じたウェルビーイングを決定づける

▼引退年齢を自分で決める時代の「65歳前後10年」の出処進退術

前の項で、引退年齢を自分で決めることが、あなたのウェルビーイングを高めるヒントだと話をしました。自己決定権があることはウェルビーイング向上にとって重要な要素なのですが、自分から仕事を辞めるタイミングを決められるのは自己決定の快楽の最高のひとつだと思います。

とはいえ、重要となるのは自己決定できるように自分をしむけることで、そのためには「65歳前後10年」の働き方をどう意識していくかがカギとなります。世の中の現状が、

（60歳定年退職）↓（65歳まで継続雇用）↓（65歳年金生活スタート）

だとして、これをどう自分で変えられるか考えてみる必要があります。もちろん、レールに乗ったままで働いていれば、レールに乗ったまま標準的なリタイア年齢で辞めるしかなくなりますから、変化を仕掛ける方法やタイミングを模索することになります。

▼チャンスがあれば65歳以降も働いて3倍の余裕を作る

65歳以降も働く条件というのは、タイミングや巡り合わせもありますが、急速に拡大しつつあります。このとき、仕事の内容も報酬も問題なく働けるのであれば、65歳を過ぎても働き続けると、その後の年金生活には大きなプラスとなります。

第一の理由は「必要額が減る」ことです。仮に95歳までは毎月取り崩せる余裕を持ちたいとします。65歳を起点とすれば30年分ですが、70歳まで働くことができれば25年分ですみます。月5～6万円の取り崩しも5年分ともなれば300～360万円ですから、準備額としては大きな違いです。

第二の理由は「繰り下げ年金」です。65歳で公的年金をもらわずともやりくりできるのであれば、これをもらわずに先送りすると年8・4％ずつ増額、70歳からなら42％増、75歳なら最大で84％増の年金を一生受けられる仕組みがあります。

受けはじめる年齢までの年数は無年金になりますので損をしているようですが、増額された年金を標準的な平均余命でもらえば基本的にはトントンとなり、長生きすれば完全に得をするように増額率は設定されています。

65歳以降も日常生活費を確保できる程度に働いているのであれば、繰り下げを目指すほうが人生100年時代には大きなメリットです。

このとき、日本年金学会などでも注目されているWPP理論というものがあります。「長く働く（W）」「私的年金や退職金の取り崩し（P）」を活用して「公的年金（P）」の増額を目指そうという考え方です。

仕事の収入が240万円くらいしかなく、年金生活に入るまではあと15万円くらいは生活費に欲しいというなら、年180万円くらい手持ち資金を取り崩せば、リタイアまで年金をもらわずにやりくりができることになります。

70歳あるいは75歳という繰り下げを目指さなければいけないという決まりはありませんので、「65歳以降も3年くらいは働けるので、その間だけ増額を目指そう」のようにアレンジしてみてもいいでしょう。

3年がんばって繰り下げした場合、68歳になって、人よりも25・2％増額された年金を一生もらえることになりますが、なかなか幸福度の高い選択となり得るのではないでしょうか。

▼人より「5年」早いリタイアで、元気なうちにセカンドライフ開始

今度はその逆で、人より少し早くリタイアすることを考えてみます。いわゆるＦＩＲＥ（Financial Independence, Retire Early の略。経済的独立と早期リタイアを目指すチャレンジのこと）ですが、巷で話題となるような「40歳代ＦＩＲＥ」を目指す必要はなく、「60歳でリトルＦＩＲＥ」を考えてみます。

45歳で仮にＦＩＲＥしようとすると、住宅ローンは完済、教育費負担も確保し、かつ65歳までの20年分の生活費を用意しなければなりません。難易度が高く実現性は低いものとなってしまいます。

それならば、60歳でのリタイア（標準的な引退年齢より5歳若いリタイア）を目指してみれば、1億円を貯めるような必要もなく、がんばれば実現性が出てきます。

仮に45歳からリタイア生活に入るとするならば、45歳から20年分の生活費と、「老後に2000万円＋α」が必要です。月25万円でやりくりするなら20年分で6000万円、老後に2000万円を足して8000万円が必要です（利息ゼロで試算）。これはなかなか難しい資産形成です。

しかし、5年分でいいと考えれば「5年分の生活費1500万円」＋「老後に2000万円＋α」で5年の早期リタイアが可能になります。

ただし、リトルFIREのためには「早めの準備」が必要です。60歳でいきなり考えるのではなく、少なくとも50歳以前にiDeCoやNISA制度を活用して資産形成を行っておけば、資金確保は夢ではなくなります。

あなたにもし、やりたいことがはっきりあって、少しでも早くリタイアをしたいなら、人よりちょっと早く悠々自適生活に入ることもいいでしょう。これは間違いなく高いウェルビーイングにつながるはずです。

▼受け身で決めるか、行動で決めるか。リタイア直前のウェルビーイング問題

すでに見た通り、社会的には長く働ける社会への移行がはじまっており、特に65歳から70歳まで働ける環境が整いつつあります。

とはいえ、「仕方なく働く」というのはウェルビーイングとしては高いものとなりませんし、せっかく働くのであれば、楽しんで働く（場合によっては年収よりも働きがいを優先する）、あるいは請われて働くようなシチュエーションを楽しみたいものです。

特に請われて働けるようなチャンスがあれば、これは働きがいの高い状況で65歳以

降を過ごすことができます。公的年金増額ができなくても十分に高いウェルビーイング獲得につながるでしょう。

現役時代、特に30～50歳代にかけて、相当のハードワークをしてきたと自認する人は、会社の雇用確保年齢を気にせず引退する自由もあります。早期リタイアも「同期はまだ働いているのに、オレはもうリタイア生活！」という高い満足が得られます。

ただし、こちらは経済的な手当を自分にしておくことが大前提です。行き当たりばったりでの早期リタイアはしないほうがマシです（早期リタイアした人が、60歳以降の「やっぱり再就職します」は不可能のおそれがある）。

そして、せっかく早期リタイアする以上は「やりたいこと」をちゃんと明確にしておくことです。まさか、5年間をテレビの前で寝て過ごすわけにはいきません。そんな5年はむしろウェルビーイング的にはマイナスだと考えておきましょう。

65歳になったら「カネ」を気にせず好きな形で働くことができる！

▼65歳を過ぎたら「年収72万円」で幸せ優先で働いてもいい

ところで、「65歳以降も働き続ける」は、ウェルビーイング視点で考えると、もっと自由で多様な選択肢を考えることができます。

なぜなら、65歳になればとりあえず公的年金を受けはじめることができるからです。長期的には水準の目減りはあるものの、受けはじめた年金は長生きする限り何十年でももらい続けられる「安定収入」です。

だとしたら、65歳を過ぎれば「400万円以上稼がなければいけない」のようなプレッシャーからは解放されて仕事を考えることができるようになります。

「老後に2000万円」レポートでは公的年金で不足する水準を月5～6万円としていますから、「手取り年収72万円」まで働いて、「手元のお金はまったく手をつけず『公的年金＋手取り72万円』で暮らしていく」というようなこともできます。

65歳以降も年収400万円以上を確保しようとすればそれなりに苦労をしなければなりませんが、年72万円なら仕事も気楽にできます。労働時間だって相当短くすることができるでしょう。

その代わり、楽しく働くことや働きがいを感じられることを優先します。中小企業の社長があなたに頭を下げて「これしか出せないけど、あと数年残って若い子に技術を教えてやってくれ」と言われたら、技能の継承だけ考えて過ごせばいいわけです（本当は技能継承はもっとお金をもらうべき価値がありますが）。

完全リタイアへの前段階として、休みを多く取るのもいいでしょう。フルタイムで働いてしまえば、1週間で稼ぐこともできてしまうわけですから「平日の午前中だけ」のような形でもいいですし「週2日だけ出勤」でもいいでしょう。

65歳以降、ウェルビーイングを高く維持できる働き方を「お金のことは抜き」で考えてみるのもおもしろいでしょう。

▼リタイア後、定常的な仕事はせずにあなたのスキルを「シェア」してみる

毎日働くような仕事のスタイルからは完全に引退したとはいえ、あなたの「頭脳」がまだ元気であれば、ビジネススキルを「シェア」してみる方法もあります。

カーシェア、バイクシェアのようなシェアリングエコノミーが注目されていますが、そのカテゴリーのひとつに「スキルのシェア」というものがあります。

家事代行、送迎や託児のヘルプ、ビジネス知識や経験・ノウハウの提供などを行うものです。カーシェアは「借りるシェア」ですが、こちらはいわば「貸すシェア」

です。

例えば、年金生活に入ってヒマだけど、若い起業家の帳簿つけくらいなら、経理の経験や簿記の資格を活かして手伝えるよ、というなら自分のスキルをシェアして誰かを助けることができるのです。

（士業などの法に定められた一任業務で、無資格者が報酬を受け取ることはできませんので注意してください）

「ビザスク」「ノウハウズ」などのサービスでは、さまざまなビジネス経験をアドバイスすることでスポット単位で報酬を得るマッチングサービスを行っています。

これらは年金生活者にとって、お金より誰かの笑顔や満足と関われることのほうに喜びを見いだせる、「働きがい」をもらう仕組みです。「本格的にオフィスを構えるほどではないけど、社会とつながっていたい」というような人ほど向いていて、ウェルビーイング的にはなかなかいいアプローチでもあります。

ただし、高齢者が若者に偉そうにしていてはいけません。あなたはスキルを提供するサービス側なのですから、「優しい好々爺」くらいを演じてお互いに気持ちよく関われるといいでしょう。

▼交通費だけもらって「働きがい」だけをもらう

いっそ、「お金はいらないので、働きがいだけもらう」という方法もあります。

「老後は何か社会貢献をしてみたい」と思うのなら、ＮＰＯ等の社会活動をする団体に参加してみるのもいいでしょう。

例えば、経理の経験があったり、役所との折衝の経験があったりすれば、そうしたスキルを求めているＮＰＯ団体はたくさんあります。

ただしほとんどのＮＰＯはお金が足らなくていつも苦労していますので、「事務局長のポストに収まれば年収400万円台は固いだろう」なんて期待はしないほうが賢明です。

交通費プラスアルファくらいしか出せないというようなこともままあり、これは30〜50歳代で取り組むよりは年金生活に入ってから関わってみるとちょうどいい「働きがい」です。

「週に数回行く先がある」
「自分が必要とされている場所がある」
というのはウェルビーイングを高めるうえでとても効果的な選択です。

あなたが共感する取り組みをしているNPOがあって、もし条件が噛み合えば「報酬」はあまり気にせずお手伝いしてみましょう。

▼ボランティアや地域活動への参加もウェルビーイングを高める働き方

無報酬の働き方といえば、地域でのボランティア活動や町内会などの社会的活動も高齢者にはオススメです。

健康や幸福度に関する調査で、社会的責任を負っている人のほうが健康で長生きをする、というデータを見たことがあります。

よく「あの人は、町内会長を何年もやっているから、元気なのよ」という人がいますが、まさに役割や責任のあることが人を元気にする、という典型例だと思います。

「そんな活動、何も思い当たらないよ」という人は地元の掲示板をチェックしてみましょう。町内会、神社の氏子、ゴミ拾いなどの地域ボランティア、小学校の見守り活動など、気づかなかった取り組みに関わることができるはずです。

ただし、ボランティアや地域活動の難しさは人間関係です。特に気難しいタイププの人が1人いるだけで新人が場になじむのは難しくなり、居心地が悪くなります。実は町内会の参加は幸福度低下につながっているというデータもあり、義務感や半強制、のような参加はウェルビーイングを高めてはくれません。

イヤなことを無理してやる必要はありませんので、「どうも雰囲気悪いな」と思ったら距離を置いてみるのもいいでしょう。

リタイア生活をしているのに、社会人の頃のように人間関係のストレスで胃を痛くしていてはつまらない話ですからね。

第3章

毎日の「出費」は減らして、「幸せ」は増やそう

毎日の出費スタイルを見直すと、同じ支出で幸せが増える

▼毎日の消費のほとんどが「無感動消費」になっている現状

あなた（あなたの家）は1日いくら使っているでしょうか。即答できないと思います。しかし数え上げてみると、とにかくいろんなところにお金が流れていきます。

朝食のパンと牛乳、移動中に飲むお茶、昼食、コンビニでちょっとおやつなどを買い、帰り道のスーパーやドラッグストアで買い物……と、そのつど数百円から数千円を支払っています。自分だけでもそうでしょうから、家族全員の出費額を含めると把握は困難です。

もし現状を把握したいなら、簡単な式で概算してみましょう。まず、「（1か月の手取り収入）－（1か月の貯蓄額）＝（1か月の支出総額）」となります。これを30で割

れば、単純に「1日あたりの出費額」となります。実際には月イチで支払う出費もありますが、「わが家は毎日これくらいのお金が消えていくのか！」と一度把握をしてみたいところです。

私たちの出費は、年を取るほどに金額は高まっていくのが普通です。家族が増えたことも理由ですが、ちょっとずつ家計がルーズになり、かつ品質の高いものを求めるようになっていくからです。

ファイナンシャル・ウェルビーイングの重要なポイントのひとつに「満足を買う」があります。どんなに高額でも、それに見合う満足を買えていればコストパフォーマンスは妥当です。

しかし、日常生活品ほど「無感動」な出費であることがほとんどです。先ほどの「1日あたりの出費額」が1万円以上だったとしたら、ほとんど無感動なままに毎日1万円を使っている、ということです。

とはいえ、日常生活で感動することは簡単ではありません。朝の食パンを前日のスーパーで買って「パスコは今日も最高だ！」と涙を流す人はいませんし、ドラッグストアでネピアのティッシュペーパーを買うときに「今日も高品質をありがとう！」と思う人はいません。どちらも高品質と低コストを追求した優れた商品なのですが、私たちは日常生活をあまりにも無感動に過ごしすぎています。

▼当たり前のルーチン出費を変える

お金を使った対価としての満足度を向上させるためにやってみたいのは「意図的な変化」を、自分で自分に仕掛けることです。日常生活の当たり前の出費、無感動の出費ほど、こうした「変化」によって新たに感動を見つけていくのです。

ドラッグストアでの「いつもの」買い物はやめてみましょう。トイレットペーパーもシャンプーも、いつもと違うものを買ってみます。

安いものを買って「実は安くても満足度は変わらないのか！」と明らかにするのもよし、ちょっと高い商品をセレクトして「いつもより100円高いものを買ったらこんなに品質は変わるのか！」のようなパターンでもいいでしょう。


オススメしたいのはやはり「安いほうの価格の追求」です。高くて高品質なのは当たり前ですから、安い商品をトライアルしてみます。

試してみると案外、「安いけどうまい！」のような世界が開けます。昔の輸入牛肉と比べれば今の輸入牛肉はうまくなっていますし、スーパーチェーンのショップブランド商品も馬鹿にするほど低品質ではありません。

「50円安くて味はあまり変わらないじゃないか！」なら、その違いの発見があなたの快楽としてウェルビーイングを高め、かつ節約の成功として経済的にもウェルビーイング向上につながります。

高品質にトライする場合は、頻度が低いものでチャレンジしてみましょう。例えば1か月に1箱消費するかしないかというバターだったり、歯ブラシだったりは、高品質に置き換えてみるのによい消耗品です。

バターを300円から1000円に変えたことで家計は破たんしませんが、700円の差額で朝食の幸福度が1か月倍増するのなら安いものです。

歯ブラシの例もそうで、私も月に1本（実際には1・5月に1回）交換をする歯ブラシは1000円のものを使っていますが、朝夕60回使う「つまらない時間」をちょっと気持ちよくするのに役立っています。

ぜひ、自分なりの「当たり前」の変更を試してみてください。

▼スーパーやコンビニに驚きや発見を

スーパーマーケットやコンビニエンスストア、日常生活の場であり無感動の温床だと誰もが考えています。しかし実は、驚きの玉手箱であるかもしれません。

試しに店内をじっくり1周してみましょう。いつも最低限の用事だけすませるために利用しているならなおさらです。じっくり棚を見て回ると、意外なものがたくさん置かれていることに気がつきます。いつも買わない商品、いつも回らない棚にこそ発見があります。

新商品はないでしょうか。食品や日用品、実は小さなイノベーションが繰り返されている分野です。例えば近年、冷凍食品の味が急上昇しました（冷凍チャーハンや唐揚げなど）。気になったらスマホで比較検証サイトなどをチェックしてみると、意外な発見があったりします。

今月のオススメラベルがついている、いつもとは異なるブランドのヨーグルト、よく見るとおいしそうではありませんか？

無感動に通り過ぎる棚を、改めて驚きや発見の場に変えてみると、あなた自身のウエルビーイングは変化してきます。

私がよくセミナーのネタにするのが「伊藤園のジャスミン茶」です。緑茶やウーロン茶に飽きてきたとき、ジャスミン茶の香りはいいものです。しかしペットボトルばかり買っていては高コストです。

ある日スーパーマーケットの「いつもは寄らない棚」の前を通り過ぎようとしたとき、視界に見慣れたラベルが飛び込んできました。立ち止まってみると伊藤園がジャスミン茶のティーパックも販売していたのです。

試しに買ってみると味もほとんどそのままで感動しました（お茶の会社ですから当然です）。これを使えば1リットル10円程度でジャスミン茶が飲めます。わが家で水出し茶の普及を進める原動力となりました。これは節約の実現だけでなく、クオリティも下がっていません。「自分で発見した」という満足度獲得にもつながっており、私に高いウェルビーイングをもたらし続けています。

あなたもきっと、そういう発見や感動を見つけることができるはずです。

▼節約を「楽しむマインド」で、同じことを幸せにつなげる

ファイナンシャル・ウェルビーイングの視点で考えるとき、「コスト削減」はそれそのものが快楽であり、ウェルビーイング向上に直結してきます。手元に残るお金が増えるのは嬉しいものです。

それと同時に「質は同等で低コスト」というのは満足度を維持したコストカットですから、さらにウェルビーイングを高めます。

ただの節約がうまくいかないのは「満足度の低下とコストカット」を一対のものとして考えているからです。ただ満足度を下げてコストを抑えていくと（特に「何も買わない」「マズくても安いものを選ぶ」の繰り返しをする）、ウェルビーイングもどんどん下がっていき、無感動どころか不満のある節約術となってしまうだけです。

節約は実は「楽しむプロセス」「楽しむマインド」が重要です。楽しむ目線があれ

ば、むしろ節約はあなた自身を活性化させ、ウェルビーイングを高めている取り組みとなることに気がつくでしょう。

無感動にカゴを抱えてスーパーに入店し、事務的に必要な品をピックアップするだけなら、なんのおもしろみもありません。また、出費をただ抑えるだけなら誰にだってできます。しかし、満足度を維持し、あるいは高めつつコストカットをするのは簡単ではありません。実は節約は知的なチャレンジなのです。

1杯目のビールを半額で飲んで店を出るのが究極のファイナンシャル・ウェルビーイング？

▼最強の居酒屋利用術「6時前にぶらり、1杯飲んだらお会計」

あなたがもし、お金の使い方を変えて、自分自身のウェルビーイングを高めてみたいと思うなら、今までと違うお金の使い方をしてみる必要があります。あなたがお酒が好きなら、「せんべろ」を試してみてください。実はこれ、最強のコスパでお酒を楽しむスキルでもあるからです。

せんべろ、とは1000円でべろべろに酔っ払うの略語から来た酒飲み用語です。主に立ち飲み店で用いられるのですが、1000円以下のお代で、1杯のお酒とおつまみ数点が出てきます。1000円かからずにお釣りが来る飲み方です。

居酒屋によってはハッピーアワーを設定していることがありますが、これもせんべろに似ています。早い時間に入店した場合、生ビールの値段が半額になるなどのサービスがあって、これもおおむね1000円以内で1杯とおつまみが出てきます。

それでは居酒屋に行ってみましょう。

1杯のビールと枝豆が出てきました。仕事上がり、しかも定時上がりの5時半や6時です。夏ならまだ日も高いところにあるのに、もうお酒を飲むなんて最高の1杯です。

生ビールあるいはハイボールのうまさに思わず声が出ることでしょう。枝豆の皿もあっという間に空になってしまいました。

そこであなたには、席を立ってお会計に向かってもらいます。

「え?　これからが楽しいところなのに?」

と思うかもしれません。いつもならダラダラと席に居座り、少なくても3000円、ときには5000円以上払うのが当たり前だと思っていたら、そこでお会計をしてみましょう。
今までと違う、飲み方はどう感じたでしょうか。

▼1杯目のビールが一番価値が高いのに、1杯目が半額になるのはなぜか

経済学の用語に「限界効用逓減《ていげん》の法則」というものがあります。消費量の増加と主観的な満足度（効用）の増加とは一致せず、徐々に満足度の増加が弱まっていくというものです。

難しく考える必要はありません。「1杯目のビールのうまさと、5杯目のビールのうまさは、もしポイント換算したら1杯目のほうが明らかに大きい」ということです。そう翻訳すれば誰もが「それはわかる！」と頷くはずです。

もし、満足度に応じて価格が決まるとすれば「1杯目が一番高く、おかわりするたびに安くなる」のが合理的です。もちろん、これは店の都合ではなく私たちの都合で

すから、2杯目以降が値下がりすることはありません。
しかし、1杯目については明らかな逆転現象が生まれています。もっとも価値が高い1杯目が、もっとも安く飲める、という現象です。

店にとっては「1杯目半額」は来店させるための呼び水であって、実際にはほとんどの客が2杯目以降を頼み、またおつまみを頼むから、この売上減少があっても商売としては割が合います。だとしたら、私たちが意図的にこの「しかけ」を活かしてみたいもの。

先ほど、せんべろでさっと店を出るスタイルを試してみようと提案したのは、あなたの酒に対する出費スタイルの「当たり前」を変えてみよう、ということです。
一度やってみると、むしろせんべろで席を立つほうがスマートであることがわかります。頭はアルコールに支配されることもなく、気持ちよく疲れを癒やしてくれる酒になります。

実際、赤羽や新宿の飲み屋街などでは、3杯飲むと店主が追い出すお店もあります。「これ以上の酒は悪酔いするだけだから、明日来てまたお金を払ってくれ」というわけです。このお店の対応、ウェルビーイングとしても興味深いところですね。

▼たまに飲むやけ酒はいくらでも使え。しかし毎日ムダな酒を飲むな

ファイナンシャル・ウェルビーイング目線で考えたとき、お酒は「出費」であると同時に対価としてのウェルビーイングを獲得する手段でもあります。

つまり酒を飲む楽しみです。

同僚や友人と憂さを晴らして笑い合うことは、あなたの幸福度を高める方法のひとつです。出費を下げることだけを考えてガマンを強いると、ストレスになってウェルビーイングが低下します。

毎日、1杯のご褒美はあっていいのです。大きな怒りや不満が生じたとき、やけ酒をしてしばし逃避することだってあっていいでしょう。

そうした出費をためらう必要はありません。

しかし、ダラダラとした飲み会、つまらない飲み会での酒、毎日何杯も重ねるやけ酒には価値がありません。自分が使う「酒の予算」が生きたものとなっているかは、一度自問自答してみるべきだと思います。

たかが酒の話、何をまじめに語っているんだ、と思うかもしれませんが、ファイナンシャル・ウェルビーイングを高めるヒントはいろんなところに潜んでいるのです。

▼限界効用の逓減、コンビニにも応用できる

限界効用の逓減は、お金と幸せの関係を考えるとき、いろいろなところで応用できます。

例えば、「はじめての経験」には高い価値があります。同じ映画を10回観るよりは、

違う映画を10本観たほうが感動や満足は高まります。

コンビニのスイーツひとつとっても、「新商品を試してみたワクワク」をポイント化すれば、「10年間ずっと変わらない定番商品」を100回食べたときのポイントより高まります。

だとすれば、「新商品のお菓子」「季節の初物」などにはお値段以上の感動が手に入るわけで、意図的に変化を求めてみるほうがウェルビーイングが高まります。

コンビニはお客の関心を喚起し続ける必要があるので、次々と新商品が登場し、定番として残り続ける商品はむしろまれです。だとすれば、「ちょっとストレスがたまってきたら、コンビニに出かけて新作スイーツを食べる」ことで、いつも新鮮な感動とストレス解消を手に入れることができます。

コンビニは基本的に値段が高くスーパーマーケットのほうが割安です。しかし「新鮮な感動」を手軽に得られる効用の高いスポット（デパートより行きやすい）と考えれば、俄然、コスパが高いスペースとなってくるのです。

「高級品」を買って幸せを買う発想が、もはや時代遅れである

▼いい服、いい車、広い部屋……追求してもキリがない

あなたがもしバブル景気の折りに社会人として過ごしていたのであれば、「いい服を買う」「いい時計を買う」「いい車を買う（ときにはローンを組んで）」「広い家を買う」のような高額出費が豊かさの象徴であったことを体感しているでしょう。原体験としてしみついている人もいると思います。

実はこうした「高いモノ」による所有欲の充足は、ウェルビーイングとしてはあまり価値がありません。購入の時点で上昇した幸福度は一時的なものにとどまり、徐々に下がっていってしまうことが知られているからです。

確かに、高くていい服を買ったとしても、何度着ても満足が維持されるのは10枚の

うち数枚くらいでしょう。ほとんどはただ無感動なローテーションとして着る服になっていきます。日常になじんだ、といえばそれまでですが、それなら3000円のシャツも3万円のシャツも日常になっていくことは同じです。

消費によるウェルビーイング低下を充足する方法は「絶え間なく買い続けること」と「より高いモノを購入すること」の2つです。どちらも失われたウェルビーイングを補う方法といえます。

しかし「毎シーズンごと服を買い続ける」とか「購入のたびにより高い服を選んでいく」のようなことを繰り返していても、そんなやり方はいつまでも続きません。

むしろどこかで限界がやってくると、自分が「高いモノを買えない」という感情が生じ、自分の幸福度を低下させることすらあります。子育て世帯などは「子どもの学費を考えると、もう発泡酒しか飲めないのか……」のように生活のランクダウンと幸福度のランクダウンが押し寄せてきます。

高度経済成長は消費を煽《あお》ることで成り立ってきた部分がありますが、成熟した社会に生きる私たちは、そろそろ「高いモノ」による充足感をもって幸福度をまかなうスタイルから卒業するべきです。

▼モノから得られる幸せは、あっという間にしぼんでしまう

モノから得られるウェルビーイングが低下するという話、マイホームの購入でさえ同様だという調査もあるそうです。人生最大の買い物であるマイホーム購入の瞬間にウェルビーイングを大きく高めはするものの、買って得られる幸福度はその後しぼんでいきます。

それよりも、家庭が円満か不和かなど他の問題のほうが、最後は家族の幸福度を占める本質であって、「広い家」「高い家」はそれだけで人生を幸福にはしてくれないのです（とはいえ、「賃貸暮らし」より「持ち家生活」のほうがウェルビーイングは高

まる傾向はあるので、購入前の幸福度に元通りになるわけではない)。

家を買った満足度は、せめてローンの返済終了くらいまで維持されてほしいものですが、おそらく後半は「ローン返済の苦しみ」のほうが先に立ってしまいそうです。そして悲しいことに、返済終了後の家は老朽化がはじまっており、これまた幸福度をかきたてることは難しいでしょう。

もし、あなたがモノの消費からウェルビーイング向上を手に入れたいのであれば、感動を獲得するための吟味が必要です。

若い世代はよく、「コスパ(コストパフォーマンスの略語)」と言いますが、安いなら安いなり、高いなら高いだけの満足度を手に入れるのはなかなか大変です。

むしろ高いものほどたくさんの満足度を手にしなければいけないだけ、ウェルビーイング的には大きな難問になってきます。

▼年を重ねてきたら、あなたが買うのは「モノ」ではなく「感動や経験」であるべき単純な理由

年を重ねてきたら、「モノ」の品質へのこだわりはほどほどにして（好きなモノだけ少しこだわればいい）、経験や感動にお金を回していきましょう。そのほうがウェルビーイング的にもプラスです。

私たちはいつかは死にます。それはどんなに経済成長した社会でも同じです。しかもいつ死ぬかはわかりません。90歳のときかもしれませんし、70歳あるいはそれより早いかもしれません。

そのとき、どんな高品質なモノも死後の世界には持っていけません。しかし楽しい経験や嬉しい記憶、友人や家族との幸せな関係があったことは、人生の最期の瞬間、あなたを幸福や満足に包んでくれるはずです。

墓場に持って行くものを増やしたいなら、どちらにすべきでしょうか。

そして、感動や経験から得られるウェルビーイングは、長続きすることも知られています。

例えば、あなたの祖父母を思い出してみてください。田舎にいた祖父母は、夏に年に1回くらいしか会いに来てくれない孫（あなた）を大歓迎してくれたと思います。彼らはたった1年に1回、数日ともに孫と過ごす時間と感動で、そのあとの1年を幸せに過ごしていたのです。

あなたが年金生活に入って、消費生活でウェルビーイングを充足し続けるわけにいかないことも明白です。50歳代になってきたら、意識的に「感動を買う」ことを心がけてみましょう。

▼「感動」のためにならいくらでもお金をかける……くらいのつもりで日々を過ごそう

実のところ、「感動を得よう」と思うと、お金はそれなりにかかることもあります。

「富士山の見えるところでキャンプをして、日の出を見たい」と思えば、ここはそれなりの出費も考えなければいけません。

先ほどの「遊びに来てくれた孫」だって、遊園地に一緒に出かければお金はかかりますし、おこづかいだってあげたくなります。その数日だけ食費は何倍にも膨れ上がります。案外、旅行1回分くらいの出費になるかもしれません。

「感動や幸福を買う」と言葉にすると、それはお金をかけずに幸せになる方法のように思えますが、「お金をかけずに得る感動」と「お金をかけて得る感動」は両立していいのです。

むしろリタイア前後はちょっとのお金をかけて経験や感動を買う工夫をしてみましょう。

たとえば年数回の観劇などは、多くの経験を買うことがお金の出費とリンクしています。席種の値段の違いが結構大きいことにしびれますが、良席に恵まれての感動も大きく、余裕があればたくさんの感動を買えます。

年金生活に入ってからの旅行ツアーは「平日火曜日出発、木曜日戻り」のようなものが多いので、格安でガラガラの観光地を堪能し、感動を手に入れることができたりします。

お金の使い方は「モノ」から離れることで大きく変わります。そして「経験や感動」にお金を払うようになれば、私たちのウェルビーイングはもっと長続きするようになるはずです。

サブスクは所有欲から解放される手段である

▼若者はディスクを買って棚に並べたりしない

かつてお気に入りのアーチストのレコードやCDを買い求め、棚に並べるのは自分のアイデンティティーを示す方法のひとつでした。自宅へ招いた友だちと、話の弾むきっかけになったものです。

しかし今、若い人はCDやブルーレイディスクをあまり買わなくなりました。彼らはYouTube等の無料動画配信サービスで音楽を聴き、その後気に入った音楽はApple Musicなどのサブスクリプションサービスで登録し繰り返し聞きます。

映画やドラマ、アニメーションもそうです。Amazonプライムビデオ、Netflixなどのサブスクリプションサービスに定額の課金をして、見たいアニメや映画を自由に観ています。

彼らはもはや、ＣＤやブルーレイディスクを買う必要を感じていません。テレビゲームソフトもパッケージ販売が減りつつあります。半数弱がダウンロードで販売されているという発表があります（任天堂決算資料では38・５％がダウンロード販売とある）。

これは、若い世代を「モノのコレクション」から解放したということでもあります。50歳代以上の世代では、「たくさんモノを並べた棚」というのが豊かさの象徴だったかもしれません。しかし、部屋を圧迫するだけで、ほとんど見返すことのないディスクが山積みになっていることが本当に豊かさなのでしょうか。

若い人たちはもう、たくさんモノを持つことが豊かさとは限らないことを知っています。

だからこそ若者は「経験」のほうに価値を認めているのです。

▼コストで考えたときサブスクは大きな節約にもなる

コスト的に考えると、サブスクリプションは節約の大きな手段でもあります。

動画配信のサブスクリプションはAmazonプライムビデオなら月500円（税込）です。Apple Music等の音楽聴き放題のサブスクリプションサービスもたいていは月1000円程度で利用できます（2023年6月時点）。

1990年代前後に毎月CDを1枚以上買っていた人は多かったと思います。あるいは映画のヒット作を年数枚くらいDVDやビデオパッケージを買っていた人も多かったでしょう。こうした「パッケージ」は月に3000円以上お金を使わせていました。

今の時代、サブスクリプションサービスを利用することで、CD1枚、ブルーレイディスクを1枚買うよりも安い値段で私たちは聴き放題、見放題ができます。

むしろ量でいえばディスクを買っていた時代を凌駕《りょうが》します。レンタルビデオ、レンタルCDで節約をしていた世代よりも圧倒的な量を観たり聴いたりできます。何十枚の新作ディスク、何十話ものドラマやアニメを観ても「定額」でそれ以上課金されることがないからです。

「所有」にこだわらないことで、私たちはより広い世界にアクセスすることができるのです。

「それではアーチストは食えなくなるじゃないか」と言う人もいますが、心配はいりません。YouTubeの無料視聴の裏では広告収入が配信者に還元されていますし、サブスクリプションに契約した場合、音楽や映像を再生した時間に応じた料金が制作者に支払われています。

ＹＯＡＳＯＢＩというミュージシャンはＣＤを１枚も出さないまま、年間再生回数がトップのアーチストとなりました。もちろん、ビジネスとして成立しています。アーチストのほうもパッケージ主体の時代から完全に脱皮しているのです。

▼サブスクリプションは「昔のアイドル」に印税を手渡す「気持ちのいい仕組み」でもある

1960～90年代にかけて活躍した、懐かしのアイドルやバンドのCDをプレイヤーにかけて何度も聞いている中高年の方は、なおさら、サブスクリプションで音楽を聴いたほうがいいかもしれません。

その理由は「音質」と「印税」です。

まず、現在配信されるデータの多くはCDやディスクより高音質・高解像度画質になっています。20年以上前にCDを買ったときは高音質とうたわれていましたが、実は今のほうが高音質になっています。音楽配信サービスがロスレス配信や空間オーディオ対応をしてきたことで、「パッケージより配信データのほうが高音質」となっています。

動画もそうです。画像をていねいに修復した「4Kデジタルリマスター」版などは、

ＤＶＤやブルーレイディスクより高画質となっています。今やそれらがデータで配信されているのです。

古いディスクを押し入れの奥から引っ張り出して再生するのは、もはやノスタルジーでしかないのです。


そしてもうひとつ、「印税」です。

あなたの手元にあるディスクは買った段階で印税がアーチストに渡っています。それは一度きりの契約です。

しかし、サブスクリプションで再生した場合、わずかながらもあなたの月会費からアーチストに印税が渡るのです。

最近、１９７０〜２０００年代に活躍したアーチストがサブスクリプションに対応し音源を公開していますが、これを聞くことは「今のアーチストにお金を届ける」ことにもなっています。

そう考えるとサブスクリプションは、物欲を否定するだけではなく、気持ちのいいお金の使い方、ウェルビーイングでもプラスのお金の使い方となってきます。

かつて、懐かしのバンドやアイドルの「今の生活」をサポートする方法はファンクラブの会費とライブ参戦くらいしかありませんでしたが、今ではサブスクリプションの音楽を聴けばいいのです。しかも高音質で。

音楽、映画やドラマ、マンガや書籍、いろんなサブスクリプションを利用し、生活コストを抑えつつ、部屋のモノの膨張を止めてみましょう。

本来、私たちの満足度や幸福感は「聴く行為」「観る行為」「読む行為」であって、「所有すること」ではないことに気がつくはずです。

▼所有欲から解放されたらライブに行ってみよう

ウェルビーイング研究では、所有よりも経験のほうに高い価値が認められるとしています。

このあたり、若い世代のほうが「経験」にお金を払うことに慣れています。例えばライブ好きの傾向です。野外フェスには何万人もの人が集まりますし、紅白に出ないような知名度でも武道館や東京ドームでライブが開催され、たくさんのファンがはせ参じています。

もし、あなたが好きなアーチストがまだ活動をしているのなら、「ライブ」に参戦してみるのもアリだと思います。

2022年、もっとも稼いだエンターテイナーをフォーブスが発表していますが、若者に人気の見慣れぬ名前がランクインしているわけではありません。

1980～90年代に人気を博したジェネシスやスティングの名前があがっています。彼らは版権からの印税収入はもちろんですが、ツアーでの収入で大きく稼いでいます。有名アーチストは数年に一度来日してはドーム公演をしています。

「これがもしかしたら生で演奏を聴く最後のチャンスとなるかも」と「経験」を求め

て出かけてみてはいかがでしょうか。

大御所アーチストのチケットは1万円くらいしてお高いですが、きっとそのお値段に見合う価値があるはずです。

できればひとりではなく、若い頃、好みが似通っていた友人を誘ってライブに行きましょう。友人とのダイレクトなつながりは、ウェルビーイング向上につながることもわかっています。ライブのあとの食事も盛り上がりますし、幸福度を何重にも高める経験となるでしょう。

車を売って手放す。シェアリングエコノミーは幸福にもなる

▼シェアリングエコノミーの時代が来ている

シェアリングエコノミーという言葉、おそらく目にしたことはあると思います。所有からシェアへ、という時代の変化を象徴している言葉です。

一時期、Airbnbを代表する「民泊」というサービスが話題となりました。空いている部屋を誰かに貸す、というサービスを個人も行うというものです。これは「空き部屋」のシェアリングといえます。WEBサービス（スマホアプリ含む）の利便性向上により、個人が旅館経営をできるようになったわけです。

日本ではマンションの管理組合規定で民泊を禁止する例が多かったため、マンションオーナーの民泊利用は増えませんでしたが、アパート単位、あるいは別荘所有者の空き日程の貸し出しのような形で民泊はじわりと広まっています。

人が所有しているもののほとんどは、「何も使われないまま」の時間が多いものです。別項目でCDやDVDのコレクションの時代が終わったという話をしましたが、あなたの棚に眠るディスク、ほぼ365日未再生の時間を過ごしているでしょう。

車もそうです。ある調査によると、マイカーの利用時間は1週間あたり数時間という人が多数だそうです。1週間168時間のうち、ドライブに利用するのが5時間だったとしたら利用時間はわずか3％に過ぎません。97％の時間はただ、駐車場で眠っているものに対して、私たちは何百万円も使っているわけです。

これに対してカーシェアサービスが普及しています。市街地ではコインパーキングが8～10台あったとき、その数台くらいがカーシェアに入れ替わりつつあります。これはたくさんの人が、必要な時間を予約して同じ車をシェアして利用する仕組みです。

実は「マイカーを手放して、カーシェア」は、あなたのウェルビーイングを高めるアプローチとなり得るかもしれません。

▼車と自転車を手放すと、ランニングコストが大幅に削減される

車はちょっとした金食い虫です。ざっとあげただけでも

・購入費用（本体価格）
・メンテナンス費用（修理・交換）
・車検費用
・自動車税等
・自動車保険
・駐車場代
・ガソリン代

などなどいろんな費用がかかっています。仮に月3～4万円かかっているとしたら、そのうちの97％分は、実際に乗っていない時間にお金を使っていることになります。

つまり2万9100～3万8800円分は「駐車場にいてもらうためのお金」という

ことです。

50歳代あるいはそれ以上の世代にとって「マイカーの所有」はひとつのステータスでした。しかし、その97%の時間のために何万円も毎月支払う必要が本当にあるのでしょうか。

まずは散歩に出てみましょう。自宅近くのコインパーキングを見てみると、カーシェアの旗がなびいてはいないでしょうか。

主要なカーシェア会社のプランでは月会費を若干支払いますが、利用額に充当されるので月に一度でも利用すればランニングコストは実質ゼロで、実費負担のみで車に乗ることができます。

ガソリン代が利用料金に込み込み、基本的な自動車保険も付帯しているのもありがたい話ですし、車検費用やメンテナンス費用、税負担はもちろんかかりません。

近年は高齢期に免許の返納の決断をいつするかが話題となっていますが、思い切って「マイカーを手放す」ところからスタートしてみてはどうでしょうか。案外、車がなくても困らないかもしれません。

自転車もシェアできるようになっています。観光地や東京23区内などで普及がはじまっているサービスですが、「借りた場所と返す場所を違えてもいい」というのが便利です。

例えば、家の近くのレンタルスポットで自転車を借りて、駅前のレンタルスポットに返却をすれば、駅前の駐輪場を契約する必要もありません。タクシー利用を減らすことにもなり、費用削減にもなります。一定時間内の利用なら月額料金以上はかからないプランであれば、何回でも使い放題できるわけです。スポットが生活圏内にうまく配置されていれば、利用を検討してみるといいでしょう。

▼世の中に優しい生活、借りる生活を楽しもう

シェアリングエコノミーのもうひとつの特長は、省資源にもつながるということで

す。日本の全世帯が1週間に数時間も使わない車を持っていたらそれだけ多くの資源を使うことになりますが、カーシェアにすれば必要な台数は少なくてすみます。シェアリングエコノミーが個人の所有文化より環境負荷が低いとすれば、これはウェルビーイング的には気持ちのいいことです。

私もカーシェアサービスを利用していますが、いろんな車が周辺のスポットにあり、空いていれば車種を選べるのも楽しみのひとつになっています。ドライブ気分のシチュエーションではマツダに乗り、ホームセンターへの買い物では収納力のある軽自動車を選ぶ、なんて自由もカーシェアのおもしろさです。

シェアリングサービスに興味が出てきたら、家具や家電、服や鞄などのシェアサービスもあるので、いろいろ調べてみるといいでしょう。

ただし、何年も利用するなら普通に買ったほうが家具や家電は安くなることもあるので、費用対効果のバランスは意識しつつ賢く利用してみたいところです。

▼日常生活に必須、あるいは車愛がある人は持てばいい

　ところでこうしたコラムをネットで公開すると「車が好きな人はいる。それも否定するのか」とか「車がなければ仕事や生活がままならない人がいる。そこに目を背けるのか」という反論が寄せられます。

　ここまでの話を聞いて「毎日の通勤に車が必要である」という人は気にせずカー保有をすればいいだけのことです。それは必要なことであってムダな所有ではないからです。

　また、マイカーを所有することに強い愛着を感じている車好きも同様です。それはあなたの生きがいなのであれば、他のところでコストを削ればいいだけのことです。

　この点は、ファイナンシャルプランナーもしばしば順番を取り違えていて、出費の

金額だけに着目して趣味をやめろ、車を売れとアドバイスしてしまいがちです。夫の不在時に膨大なコレクションを無断で売却して、帰宅して驚く夫をあざわらうようなテレビ番組がウケてしまうのも、同じ発想が根幹にあります。

あくまでも優先順位は「ウェルビーイング＞お金」であることは常に心に留めておきましょう。もちろん家計が破たんしていて大幅な赤字であるなら、趣味のコントロールは必要です。しかし、生きがいを全否定して出費を削るのは、まさに無感動消費の悪癖そのものであり、ファイナンシャル・ウェルビーイングとしては愚かな選択なのです。

第4章

「お金」の増やし方より、「幸せ」の増やし方を知ろう

「老後に2000万円」問題を、あなたのウェルビーイング感を考え直すきっかけにしてみる

▼「年金で飯も食えない」? 「老後に2000万円」で大騒ぎした人の勘違い

2019年に「老後に2000万円問題」という話題が国民の関心事となりました。金融庁のレポートが、月5万円程度老後の生活費として不足しており、これを人生100年時代で換算すると2000万円ほどの資金準備が必要となる、とした記述が炎上したものです。

国は老後を支える役割を放棄するのか、年金制度はやっぱり破たんするのか、と大騒ぎになったわけですが、大騒ぎした人のほとんどが勘違いによる空騒ぎをしていたのをご存知でしょうか。

そもそも国の年金制度が破たんするから自分で老後のお金を確保せよ、という話で

はありません。むしろ老後に必要な生活費の85％は公的年金収入でやりくりできています。これを「日常生活費のみ」で考えるとなんと、公的年金収入と日常生活費はほぼ同額です（むしろ日常生活費のほうが低い）。

公的年金の破たんリスクについては厚生労働省が財政検証結果というレポートを出して数十年先までシミュレーションをしていますが、破たんはほぼあり得ないことが示されています。そもそも、国の年金制度は全体としての収入（年金保険料）が減ったら支出（年金給付）を減らすことができる仕組みなので、ひとりひとりの年金額を少し減らすことで、制度全体が破たんすることはありえない仕組みなのです。

「じゃあ、老後に2000万円とは何が足りないのだ」と思うでしょうが、家計を分析してみると「日常生活費以外」が足りていません。具体的には「教養・娯楽費、交際費」です。例えば、

・月に一度くらいは美術館に出かける

（その後はランチをして帰ってくる）
・おもしろそうな映画がかかったら観に行く
（交通費やお茶代もかかる）
・年に一度くらい旅行に出かける
（12万円の予算も月1万円に相当）
・孫の誕生日やクリスマス、お年玉を贈る
（高校や大学の進学祝いなども含む）
・趣味を見つけて習い事の月謝を払う
（材料費等も案外かかる）

といった出費を積み重ねていくと、月5万円くらいにはなってしまいます。孫へのプレゼントや入学祝い、旅行資金を国の年金で出させるというのはおかしな話で、これを自分で備えよ、という指摘が「老後に2000万円」だったのです。

▼老後に2000万円は、老後の幸せの予算確保の問題である

当時、「老後に2000万円」が足りないとあれだけ騒いだわけですが、日常生活費だけでいえば、実は「老後に0万円」でもやりくりできてしまいます。お金がなければ、教養・娯楽費、交際費をゼロにすればいいだけのこと。

しかし、せっかくのセカンドライフの自由な時間、楽しみたいならちょっと捻出したい出費でもあります。

「老後に2000万円」は、月に5万円くらいの予算を「自分で自分にあげるおこづかい」の枠なのだと考えてみれば印象がまったく変わってきます。老後の不安の象徴的数字が、むしろ老後のゆとりや楽しみをデザインするための数字に変わってくるからです。

これもまさに「お金と幸せ」の問題、ファイナンシャル・ウェルビーイングの問題

だということがわかります。計画的にお金を確保しておき、リタイアのその日までに2000万円を確保するということで、私たちは「セカンドライフに月5万円ほどの取り崩しをして趣味や娯楽に充てていい」ことがはっきりし、不安は遠のき、やりたいことを探すために時間を使えるようになるのです。

▼1億円あっても不幸な老後を過ごす人もいる不思議

老後に2000万円問題で明らかになったことがもうひとつあって、「お金がただあるだけでは幸福になれない」という現実も見えてきました。

ある資産家の奥様は、1億円近い財産を持っています。これは先立たれた夫からの相続なのですが、彼女が考えているのはこれをいかに減らさずに子や孫へ移せるか、ということばかり。

アドバイザーが「(どうせ相続税は避けられないのだし)自分自身の楽しみのため

に、少しくらい使ってもいいのですよ」と声をかけても、つつましい日常生活を繰り返すだけなのだとか。

これは豊かで楽しい老後なのか、といえば疑問を感じざるを得ません。彼女がやっているのはただの資産管理人です。今あるお金をそのまま自分が亡くなったときに引き継ぎたいというだけで老後を暮らしています。

本人が、つつましい生活を楽しんでいるのなら、それもありかもしれません。しかしウェルビーイングの観点でみたところ、不安のほうがたくさんあって、人生の落ち着いた喜びに満たされているわけではないとしたら、ちょっと残念なことです。

▼若い人、年金生活者、それぞれの「計画」でお金の幸せは得られる

さて、老後に2000万円問題には解決策があるのでしょうか。それは「計画」につきると思います。といっても「若い世代（まだリタイアしていない）」の計画と、

「年金生活世代」との計画はちょっと意味合いが異なります。

若い世代は「準備計画」ができます。まだまだリタイアまで時間があるわけですから、ここで準備をするのです。老後に不安を覚えているくらいなら、実際に老後に向けた積立をしてお金を貯めていけばいいのです。

老後に向けてお金を貯めれば貯めるほど、安心が増えていきますし、未来の不安が遠ざかることは結果としてウェルビーイング向上にも寄与します。

老後資金の準備制度としてもっとも優れているのは「会社の退職金・企業年金制度」と「iDeCo（個人型確定拠出年金）」です。

会社員にとっては「最大の積立制度」でもある退職金・企業年金制度の有無、水準をチェックしておきましょう。ある程度働いている人であれば、人事に配属されている同僚に「うちのモデルっていくらくらい？」と聞いてしまうのが早道です（社内ネットなどに情報開示されていることもあります）。

そしてiDeCoを利用します。こちらは自分の老後のために積立を行うと、目の前の所得税や住民税を軽減してくれる効果がプラスされるため、効率的に資産形成が行えます。合計税率は20～30％くらいですが、ｉＤｅＣｏに10万円積み立てれば、本来税金に引かれるはずだった2～3万円がそのまま老後資金に化け、実質7～8万円で10万円を貯めたのと同じことになります。これを使わない手はありません。

働き方により、毎月の積立額上限が異なりますので、興味がある方は関連書籍を参照してください（私も書いています。見つけてみてください）。

月2万3000円を積み立てられる会社員の場合（企業年金なし）、20年もがんばれば元本だけでも500万円以上、運用収益次第では（非課税です）700～800万円確保も夢ではないでしょう。

すでに年金生活に入っている高齢者は「予算計画」を立てることで不安を軽減することができます。最初のほうで箱根旅行の話をしましたが、「このくらいの予算は使ってもいい」というイメージを作り、計画にもとづいてお金を使っていくようにするのです。

「このくらいのペースで取り崩せば人生100年くらいはなんとかなりそう」とわかっていれば、お金を崩すことへの不安はなくなりますし、むしろ「このお金で何をしようか」と前向きに考えられるようになります。

毎月の取り崩し分と、高額の出費になりそうなイベントは分けて、計画表を作っておくのもいいでしょう。「毎月：4万円」「年に1回：10万円で旅行」「○年後：孫の大学入学で10万円のお祝い」のように取り崩し計画がはっきりするほどに、老後の不安はなくなっていくはずです。

実際の残高が2000万円なくてもいいのです。現状で許される取り崩し範囲を明確にすることで、誰でも老後の安心を見いだすことはできます。

なお、70歳代に入ってから、さらに運用でお金を増やそうとするのは、リスキーですからオススメできませんのでご注意を。「○×ショック」がやってきて投資資金がマイナス30％の含み損になっても、経済が回復するまで待つ時間が取れないかもしれないからです。

「当たり前の豊かさや幸せ」を自覚すると幸せ度が高まる

▼高齢者はよく「昔はよかった」というが本当か

高齢者が懐古話をするとき「昔はよかった」と口にする人は多いものです。映画「三丁目の夕日」に代表されるような高度経済成長の時期、あるいは1980年代後半のバブル景気のことを引き合いに出し、今の幸せより昔のほうが幸せが多かったというわけです。

お金と幸せについて考えるファイナンシャル・ウェルビーイングの観点で、この「昔はよかった」問題（これは同時に「今は幸せではない」と感じている問題でもある）を考えてみるとどうなるでしょうか。

まず、こういう「幸せ」の感覚の何割かは「失われてしまった若さ」のことを指しています。たとえばフォークソング「神田川」の世界を懐かしんだところで「風呂・トイレ共同」「6畳一間」「隣との壁は薄くて音が筒抜け」「電話もアパートに1つ」の生活スタイルに戻るつもりはないはずです。

バブル期だってそうです。あの頃イタ飯ブームが沸き起こりましたが、当時数千円したメニューもテレビのプレイバック番組で振り返ってみるとたいしたことがなかったりします。今、ファミレスのサイゼリヤで提供されているパスタのほうが高品質で安く提供されていたりします。

お金のやりくりも、しんどいことのほうが多かったはずで、日雇いバイトで食いつないだり、給料振込日までお米だけで食いつないだという人もいるでしょう。

あの頃は楽しかった、といえばその通りでしょうが、お金と幸福の関係を考えるとき、じゃあ「なぜあの頃は幸せだったのか」と考えさせられます。

▼物質的豊かさは明らかに今のほうが高いが、肌感覚は一致しない

この問題は、今の若者が幸福感を持ちにくいことにも通じます。

今の時代、どう考えても「神田川」より衛生的で品質の高い住居に誰もが暮らしています。風呂・トイレは部屋ごとにあり、電話回線はスマホで持ち歩くようになりました。大画面でのデジタルテレビの視聴ができれば、モバイルで電車の中でも風呂の中でも視聴ができるのに、幸せを感じないのは高齢者世代からすればもったいないように思えます。

しかし、彼らからすれば最初から与えられているものは豊かさではありません。人はデフォルト設定（初期設定で最初からあるもの）を、豊かなものとは思わないのです。豊かだと思えない人はそこから幸福を感じることもありません。

あるキャンパーが、なぜキャンプに行って不便な時間を過ごしてくるのかと聞かれ

て「今の豊かな生活を再確認するためだ」と答えました。トイレもなく、食事はイチから料理し、快適性の劣る寝袋で過ごすことは「それ自体が特別な経験」となって価値が見つかり、同時に「日常の当たり前が快適で素晴らしいこと」であると再認識する手段となっています。

だからキャンプに行くのだ、あなたもキャンプに行ってみてほしい、というわけです。

実際のところ、キャンプをするとき、不便を少しでも軽減するために道具を用意し工夫をするので、純粋に不便を経験しにいくわけではありません。しかし、現代の幸福度は、あえて「不便」と向き合うことで実感できるというのは示唆的です。

▼「右肩上がりの変化」が幸福感を生み出す

過去の幸せと現在の幸せを考えてみると、単純な物質的豊かさだけでは説明しきれないことが見えてきました。
ここで注目したいのは「変化」、特に「右肩上がりの変化」があることです。今までより豊かになること、それが変化として実感できることは私たちに強い幸福感をもたらします。これはウェルビーイング向上のキーワードです。

初任給月20万円でスタートした新入社員が数年働いてはじめての昇格をし、月22万円もらうようになれば、大きな達成感が得られます。それは2万円多く何かを買えるというだけではない価値があります。

社会の教科書では「戦後の三種の神器」としてテレビ、洗濯機、冷蔵庫があがります。これらが「なかった時代」の人たちにとっては「手にした感動や喜び」は大きいものがあります。昭和を振り返るエッセイなどで「わが家にテレビがやってきた日」などが強い記憶として語られるのには理由があるわけです。

若者は変化が大きいライフステージを生きています。就職して自分のお金で旅行に行ったり、異性との交際を深めたり、「はじめての経験」をたくさんできるようになるからこそ、そこに満足度が生まれます。

しかし経済成長が一段落してしまった時代に、そして40~50歳代に入って成熟してしまった世代にとって、大きな変化は起こりにくくなります。年金生活者の世代もそうです。そもそも年金生活者の年金収入はもう上がりませんので、消費生活の水準は横ばいとなります（わずかに物価上昇に一部追随する増額改定が行われるのみ）。

ここで幸福度を高められるかは、ファイナンシャル・ウェルビーイングの大きな課題となってくるわけです。

▼変化が乏しい時代こそ、幸せと変化に自覚的になる

若い世代にとっても、中高齢世代にとっても、今は変化が乏しい時代になっています。だからこそ自分なりに変化を自覚し、幸せを見いだすことが大切です。

例えばiPhoneなどのスマートフォンもそうです。はじめてスマートフォンを手にしたとき、たぶん感動したと思います。私の友人はGoogleマップを表示させて、リアルタイムで地図が表示されることに感動し、2時間外を歩き回ったそうです。今そんなことをする人はいません（まちあるき好きは別ですが）。

スマートフォンの登場、タブレットの登場とそれに伴うインターネットサービスの充実は、今世紀に入ってから得られた数少ない「右肩上がりの大きな変化」でした。はじめてスマホを買ったときは、多幸感を生み出してくれる出費であったはずです。あのときスマホに出した出費、ほとんどの人は後悔しなかったと思います。

しかし今、スマートフォンの機能は成熟化し、ステップアップは小さなものとなりました。iPhoneの4と6を乗り換えれば、大幅な進化がそこにはあり、所有する人に幸福感を感じさせました。しかし、iPhoneの12と14は乗り換えなくても困ることはほとんどありません。むしろ「なんで10万円以上もするんだ！」と不満を感じます。機能やスペックは明らかに今のほうが上回っているのにおかしな話です。しかし、まさに「使うお金の金額と幸せは比例しない」というテーマが現れている事例でもあります。

「無感動なものに、高いお金を使ってはいけない」というのはファイナンシャル・ウェルビーイングの基本です。

もし、高額の端末価格とあなたの満足度が一致しないのであれば、これを見直すことも考えられます。例えばAndroidスマホでは3万円台で普通の人には納得いくスペックが手に入ります。

実はiPhoneと遜色ない機能が「iPhoneよりも何万円も安く手に入った」ということはあなたの満足度、幸福感にもつながるかもしれません。

当たり前の豊かさや幸せとそれに伴う出費を取り上げてみても、ファイナンシャル・ウェルビーイング向上のヒントはたくさん潜んでいるのです。

「東京スリバチ学会」のメンバーは、なぜみな楽しそうに10キロ歩くのか

▼お金になるかなんて考えず、台風の日も20年歩き続けた東京スリバチ学会

２０２３年に20周年を迎えた、東京スリバチ学会というまちあるきのグループがあります。会長は「ブラタモリ」のガイドとしても何度か登場しているのでご存知の方もいるかもしれません。

スリバチとは何か、というと高低差のある地形をなぞらえています。下ったかと思えばまた登ることの多い東京の地形は、かつての川の跡だったりしますが、これがスリバチみたいだ、というところからきています。実は私、この東京スリバチ学会の会員として10年以上まちあるきをしています。

この東京スリバチ学会、だいたい10キロは歩きます。しかもアップダウンのある10

キロですから平らなところをウォーキングするより疲れます。会長が雨男なので秋に開催すると台風が直撃、大雨だというのに麹町あたりをえんえんと歩いたこともあります。

一時期は不審者扱いされたりもしました。かつての川跡は今はふさがれ、人がほとんど通らない路地裏だったりしますが、ぞろぞろと20人も歩けば住民は訝《いぶか》しがります（今は「ブラタモリ」みたいなことやってます、というと納得されるようになり、いい時代になりました）。

このおかしなまちあるき、参加者はみな楽しそうにしています。もうすぐ75歳になろうかという人が夕方になると先頭を歩いていたり（早くビールが飲みたいからと！）、地図や地形が好きな学生がスマホで古地図を見ながら歩いていたりします。団地好き、坂や階段好き、古道好き、暗渠《あんきょ》や川跡好き、マンホール好き、猫好きなど、注目する点はそれぞれ違うおかしな集団です。

しかし、参加者に共通していることがひとつあります。ただ楽しむ、それだけを考えていることです。

もともと散歩の延長ですからお金はかかりません。現地への往復の交通費と食費、あとは水分補給のための小銭があれば誰でも簡単に参加できます。

ウォーキングだからといって健康を考えているわけでもありません。ただ興味深いものを見つけて、実際に歩いてみるのが楽しいのです。まさにウェルビーイングそのものです。

さて、あなたには「お金を使わないで楽しめる何か」があるでしょうか。

▼お金を使わなくても人は幸せになれる

私は何も、東京スリバチ学会の勧誘をしたいわけではありません（興味がある人は大歓迎なので、会長がガイドするカルチャースクールの講座などを検索してみてください）。それよりも「お金をかけることと、楽しみを見つけること」は別だということをちょっと話してみたいと思います。

人生に何か楽しみがあるのはウェルビーイング的には重要なことです。無趣味で週末は何もやることがない生活より、何かやりがいがあるほうが、週末には彩りが生まれ、メリハリとして平日の仕事にも集中できます。

第一生命経済研究所の調査では、趣味がある人とそうでない人の間では全世代で大きな幸福度の差異が認められました。やはり生きがいや趣味の存在は、私たちのウェルビーイング向上に重要な要素となるようです。

楽しみには「お金がかかる楽しみ」と「お金がかからない楽しみ」がありますが、誰でもお金を払って楽しみを見いだすことはできます。しかしあえて、自分の好奇心を軸に「お金のかからない楽しみ」を見つけ、ウェルビーイングを高めてみましょう。「お金がかからない楽しみ」といっても難しく考える必要はありません。書籍や雑誌代、あるいは素材の費用や交通費くらいを許可すれば趣味の世界はぐっと広がります。

▼お金がかからない楽しみを見つけてみよう

趣味のハマり具合にもよるので、一概にはいえないものの一般的に費用の高低で趣味を分類すると以下のようなイメージになります。

［お金がかかる趣味の例］
ゴルフ等のスポーツ
ギャンブル
車やバイク（改造を含む）
熱帯魚やペット
旅行や釣り
美術品や骨董品の収集

アイドルやミュージシャンへの高額課金
ゲームへの高額課金
カメラ　など

［お金がかからない趣味の例］
読書
歴史や知識の習得
手芸
ガーデニング
音楽や映画、アニメ鑑賞
スポーツ観戦
カラオケ
料理　など

どうでしょうか。あなたの趣味はおカネがかかるものでしょうか。お金がかからない趣味は見つけられそうでしょうか。

お金がかかる趣味もひとつくらいは持っていいと思いますが、あわせてお金がかからない趣味を持つことが大切です。

▼家計が苦しい時期、年金生活者ほど「お金がかからない幸せ」を楽しもう

人生にはお金のやりくりが苦しい時期があります。例えば子どもが大学に通っている4年間は旅行を控えることはあるでしょう。

年金生活に入った以降も、一定の制約の中でやりくりをせざるを得ません。年金収入を大幅に超える支出は手持ち資金の取り崩しを意味するからです。

だからといって、趣味や生きがいをゼロにしなければならないと考える必要はありません。お金がかからない趣味を持てばいいわけです。

そう考えることで経済的には苦しい時期も乗り越えることができます。あるいは「この範囲ならＯＫ」という予算枠を決めておくのもいいでしょう。特に年金生活者は「月○万円までは使ってよいのだ」というルールを決めておくとスッキリ気持ちよくお金が使えるようになります。

どうしてもお金がかからない楽しみを見つけられないという人は、散歩をして街を見回してみましょう。

お金がかからない楽しみは、子どもの目線でもあります。子育てをしてみるとわかりますが、親がよかれと思って買った知育玩具より、梱包材や段ボール箱のほうで子どもが喜んでいることがあります。

視線もフレッシュなので、街の風景の変化もよく気がつきます。先週は貼られていなかった電柱の張り紙、春になると咲きはじめる雑草の花、雀の巣にもすぐ気がつきます。

そんな感覚でいつもの街を歩いてみると、たくさんの刺激が手に入るはずです。

ウェルビーイング向上に「会社の肩書き」は役に立たない

▼幸せや生きがいの前で、会社の肩書きは何の役にも立たない

私はまちあるきが好きで、東京スリバチ学会の会員である、とお話ししましたがこのまちあるき、いろんな参加者がいます。

「地理が好きだったが今まで主婦友だちは誰も理解してくれなかった」と楽しそうに歩くマダムがいらっしゃれば、実は会社の役員であるのにそれをひけらかすこともなく自撮りとダジャレを連発しているおじさんもいます。

私の隣を歩いている人は実は大学教授ですが、他の参加者はそんなことも知りませんし、本人もわざわざ主張したりしません。

私自身もそうです。Facebookでつながってから「山崎さんはFPだったのか！」と驚かれますが、一緒にまちあるきしているときはただの散歩好きのおじさん（たまに

子連れでやってくる）でしかありません。

むしろ「趣味や生きがいの前では、仕事の肩書きなんて関係ない」ということです。問われるのはその世界での知見や熱意、そして協調性です。

むしろ、それが趣味や生きがいの世界のおもしろさであり、高いウェルビーイングをもたらす源泉でもあります。


これ、考えてみると会社員の常識とは違うかもしれません。会社の同僚や先輩（あるいは取引先）とゴルフをするとき、会社内の上下関係抜きに考えることはできないからです。

▼あなたのSNS仲間は「仕事以外」が何人いるか

あなたのSNSアカウントをちょっと確認してみましょう。そこに何人の「友だち」や「フォロワー」がいるでしょうか。

「ＬＩＮＥは家族とだけつながっている」のように少人数で楽しんでいる人もいるでしょうし、「Twitterは著名人の発言を追いかけるツール」だという人もいるでしょう。しかし、あなたのＳＮＳネットワークが「家族や会社内のつながりだけ」だとしたらもったいない話です。

私はＳＮＳでのつながりの半分くらいは趣味つながりです。タイムラインもマネーの話をする人とまちあるきの話をする人がごちゃ混ぜになった情報が流れてきますが、むしろそれがＳＮＳらしさを醸し出しています。そこでは「義理で推す『いいね！』」はひとつもありません。

そしていろんな人たちのライフスタイルも拝見することで自分の幅が広がっていくと感じています。これは趣味つながり以上の価値を持ちます。

また、同じ仕事つながりでも「社外のつながり」には大きな価値があります。

若い人は社外ネットワークづくりが上手です。FacebookなどのＳＮＳも名刺交換した翌日にはフレンド申請をしてきたりします。つながってみると仕事の情報発信やプライベートの楽しみの発信をバランス良く行っていて文字通り「ソーシャルネットワーク」づくりをしています。

名刺交換情報をダイレクトに使うサービスもあります。「eight」などのサービスは名刺交換した人との接点を「点」ではなく「線」としてつなげることを可能とします。なぜなら異動や肩書きの変更がかつて名刺交換した人へ通知されるだけでなく、転職時にも情報発信の機能を持って、つながり続けることができる仕組みとなっているからです。

「会社」ではなく「個人」として世の中とつながっていることを意識してみてはどうでしょうか。

▼趣味や生きがいのつながりは孤独感をやわらげ、ウェルビーイングを大いに高める

仕事以外のつながりを持つことは単身者にとってはとても価値があることだと思います。

一般に、単身者と既婚者を比較すると、単身者のウェルビーイングのほうが低いことが知られています。結婚が幸せだと簡単にいえないとしても、単身であることの「孤独」はウェルビーイングを下げる要素であることは間違いないようです。

仕事以外で友人とつながっていたり、趣味でつながるネットワークを持っていることは孤独感をやわらげることになります。

これは実際、私のSNSつながりで起きたことですが、両親を亡くして元気をなくしている人が、SNSに気落ちした投稿をしたところ、趣味友だちがたくさん励ましの投稿を寄せていました。私もつい「あなたは一人ではない。だって、趣味でつながった『家族』がたくさんいるじゃないですか」と投稿してしまいましたが、まさに趣味のつながりがファミリーのようになっているのです。

別の方は、自宅がもらい火事で大変なことになってしまいましたが、その日の宿泊場所も友人が声を上げ、2日後の荷物出し作業も友人が参戦してくれ、大いに勇気づけられたそうです。

会社の人間関係も、仕事だけのドライなつきあい以上の接点となっているかもしれません。もし、会社の仕事つながりを家族ぐるみのつきあいに広げた人は、ぜひそのつながりを大事にしてほしいと思います。

▼いつかあなたはリタイアして「肩書き」をなくす日がやってくる

今回紹介した趣味や生きがいというウェルビーイングの問題は、現役時代だけで納まる話ではありません。むしろセカンドライフを見据えて意識してみたいテーマです。

あなたもいつかはリタイアをします。会社員人生を辞めてセカンドライフを地元で送りはじめたとき「会社の肩書きは無意味」ということを改めて思い知ることになります。

仕事を辞めたら、職場での肩書きは何の役にも立ちません。あなたがどんな偉い肩書きを持っていたとしても、同じマンションに住むほとんど全員がそれは知りませんし、マンションの住人に偉そうにしていても何の根拠もありません。

あなたが部長だろうが役員だろうが、年金生活に入ればただの人です。そして「ただの人」として地域で生きていかなければならないのです。

そのとき、あなたが「肩書き」を自分の生きがいの一部に位置づけていたとしたら、大きな喪失感を味わうことになります。引退直後に低下する「働きがい」の喪失は大きなものですが、同時に「肩書きの喪失（偉そうにできなくなる）」も大きいのだと思います。

たいていの場合、人間は年を取るほどに偉そうになっていきます。これを止めることはなかなか難しいものです。だとすれば、年を取るほどに「意識的に」肩書きを気にせず生きていく努力をしたほうがいいでしょう。

私の父親は子どもの頃の夢だった油絵を描きたいと、67歳で絵画教室に通いはじめましたが、自分より年下のおばさま方や、自分よりおそらく現役時代の年収が低かったであろう絵画教室仲間と、楽しく交友していました。

現役時代にはずいぶん偉そうにしていた父親が、絵画教室の先生の個展の受付をやっている様子に子どもの私たちは驚いたものです。しかし、彼にとってはそれが「肩書きを捨てて老後を楽しむ」というひとつの形だったのでしょう。

父の葬儀のとき、たくさんの絵画教室仲間が訪れてくれました。肩書きを捨てて過ごしたセカンドライフの日々は、父にとってきっと悔いのないものだったのではないでしょうか。

あなたも肩書きを捨てて、人生のウェルビーイングを高める方法を模索してみてください。

結婚や子育ては、ファイナンシャル・ウェルビーイングの観点ではどう考えるべきか

▼結婚も子育ても「お金がかかる」ことは間違いない

前半、嫁ぎ方について考えたとき、結婚は「共働きを前提に」という話が出てきました。ここで若い世代の重要課題である「結婚」と「子育て」についてもう少し考えてみましょう。ウェルビーイング目線、ファイナンシャル・ウェルビーイングの観点で「結婚」や「子育て」はどう考えられるのでしょうか。

若者の未婚率は上昇し、結婚願望が低下しているといわれます。子どもの出生数は減少の一途をたどっています。

未婚の男性が結婚は「牢獄だ」と評したり、「妻のＡＴＭになりたくない」と言います。確かにそれでは結婚をするメリットがありません。でも本当にそうでしょうか。

子育てについても全般にネガティブイメージがつきまといます。未婚者や結婚したばかりのカップルが「子育ては負担が大きくてできれば避けたい」と言います。でも、子育てはお金だけの問題でしょうか。

私たちは今まで、お金のことばかり可視化し警鐘を鳴らしてきました。結果として「お金がかかって大変だ」ばかりが目につくようになっています。本来的には結婚や子育ては幸福であり生きがいであり、そうした精神的問題を含めて考えるべきです。

ファイナンシャル・ウェルビーイングは「かかるお金」と「得られる幸福や満足度」の両方を考えるところに意味があります。

▼結婚は共働きすれば、むしろ生活の満足度を上げられる

結婚とお金の問題は、結婚しても共働きを続けることでほとんど解決が可能です。

私は若い男性には「結婚しても共働きを続けて、2人分の稼ぎで楽しく暮らそう」

とプロポーズをして、断られたらその女性は諦めなさいといいます。

未婚男性が感じている「自分だけ働かされるのではないか」という恐怖は結婚前に解消することができるのです。

女性もそうです。仕事がしんどいのはほとんどの人がそうですが、辞めたら働かない自由を手に入れると同時に経済的不自由を手にすることになります。

現在、学校を卒業した女性のほとんどが一度は働く時代になっています。20歳代後半の女性の就業率はなんと87%です。そのまま結婚後も働くことで、経済的安心（特に自分が自由にできる予算の確保）が得られます。

これで結婚に関するファイナンシャル・ウェルビーイングはまったく違ってきます。

ファイナンシャル・ウェルビーイングをもう少し深掘りすれば、2人が同居し生活することはコスト削減でもあります。冷蔵庫は1つのまま、お風呂のお湯張りも一度で2人が入れば、一人暮らしでかかる生活コストの2倍にはならず、1・5倍程度に納まることが多いからです。

もし読者が50歳代で、妻が仕事をしていない専業主婦であるなら、今からでも働いてもらうことをオススメします。実は多くの専業主婦はパートやアルバイトで実質的には働いていますし、最後の10年くらい年収の増加を図ることで、老後の豊かさの上積みが可能となります。パートの年100万円を10年貯めれば、それだけで老後の圧倒的豊かさが手に入ります。

子どもが高校以上であれば、両親とも働いていて問題が生じることはありません。夫婦で一度真剣に話し合ってみるといいでしょう（特に1人で稼ぐ重責を負っている男性のほうが話を切り出したい）。

▼子育てはかかるコストと得られる幸福の微妙なバランス

それでは子育てはどうでしょうか。ファイナンシャルプランナーとしては「子育ては最低2000万円かかる」とよく述べます。高校と大学の学費負担だけでも900

〜1000万円がかかるという調査がありますし、食費や被服費、学習費（塾等）やおこづかいなどを足し合わせていくと、これまた1000万円以上にはなるといわれます。

このコストは基本的に本人に捻出させるわけにはいきません。大学の学費の一部を奨学金として本人に取らせて将来返済させることが部分的に可能なくらいでしょう。

一方で、子どもはかわいいものです。子どもの寝顔を見て家族のいることの幸せを感じ、働きがいを高める父親は少なくないと思いますが、これはウェルビーイングとしてはあなたをプラスにしています。

小さい子どもを遊園地や動物園に連れて行ったときの楽しい記憶が今も残っている人は多いはずです。

中高生にもなってくると生意気盛りとなり、親との時間は取ってくれなくなります。一方で学費負担は顕在化するので「割に合わない！」と愚痴をこぼすことになります。

何度か説明している通り、出費に見合う幸せが得られるなら幸福と経済的負担のバランスで考えることが重要です。そして、お金のことよりも、もっと「子どもがいることの幸福」を実感することのほうに意識を振り向けてみるといいでしょう。

「もう幸福なんか感じられないよ」という人ほど、少し今までの時間を振り返ってみてはどうでしょうか。

過去の写真をデジタル化し、Googleフォトや AppleのiCloudに放り込みます。しばらくすると「10年前のこの日」のようにあなたと子どもの思い出をスライドショーでまとめて通知してくれるようになりますが、自分では忘れていた記憶がよみがえります。おそらく、子育てのウェルビーイングはぐっと向上することでしょう。

テレビCMではよく結婚式の前夜、娘の子ども時代のスライドショーを見ながら涙する父の姿が描かれますが、結婚式前夜だけに感動を後送りする必要はないのです。

また、経済的な不安は計画性により軽減することができます。高校と大学の入学諸費用にあたる約120万円を確保できれば、入学時の心配がなくなります。これは幼保無償化となった3歳時保育（あるいは幼稚園入園）から、小学校卒業までの9年間に月1万円を貯めれば確保できますし、児童手当をしっかり残しておけばそれだけで貯められる水準です。

次に、大学の学費4年分約600万円の半分を確保できればやりくりはぐっと楽になります。これまた9年間にボーナスから10万円ずつ貯めておけば180万円になり一定のメドがたつはずです。

自分自身の「子育てという幸せの受け止め方」をプラスにし、経済的な備えを行うことで「お金の不安」を軽減させることができれば、きっと子育てのファイナンシャル・ウェルビーイングは大きく変化するはずです。

▼結婚しない、子どもはいらない、が幸せとは限らない

統計的にみると、既婚者と未婚者はどちらの幸福度が高いかといえば、既婚者のほ

うです。これは世界的な傾向であり、人生の伴侶を得たという喜びや安心、日々の生活での話し相手の存在、日常生活を助け合うパートナーがあることでの負担軽減などは、大きいということでしょう。

一方で結婚して子どもが産まれると幸福度が下がるというデータがいくつか示されています。近年では「親ペナルティ」という言葉がありますが、親となる幸せや喜びと、親の責任や負担というのはどちらも大きな固まりで、状況が少し変わるだけで負のボリュームが増すことになります。

この点は公的なサービスの拡充が、親のマイナス感情を軽減することが知られています。希望者が皆、子どもを保育園に入園させることができればマイナスの感情は減りますし、児童手当や高校無償化などの経済負担軽減策も負の部分を打ち消してくれます。今進められている「異次元の子育て支援策」には、そうした知見が反映されているように思います。

私たちは今「先が見える時代」にいます。団塊世代の子育てなどは「先が見えない時代（でもたぶん、先は明るいと思っている時代）」には、とりあえず子どもが生まれてから考えるようなやり方が通りました。

老後資産形成も実はそうで、団塊世代はじっくり老後を考えていたのではなく、ただサラリーマン人生を駆け抜けていたら、結果としてなんとかなっただけのことです。

私たちは未来が見える時代に、どう幸せを手に入れていくかという難しい時代にいます。私は結婚はウェルビーイングのプラスの価値をもたらすと思いますし、少なくともウェルビーイングにマイナスだから子どもはいらない、と決めつける必要はないと思います。お金の問題と幸福の問題のバランスは難しい命題です。みなさんも自分ごととして考え、決断してみてください。

おわりに

年収が変わらなくても「お金の幸せ」を増やすことはできる！

▼日本人の幸福度は前向きの自覚でもっと高まる！

本書はお金と幸福の関係、ファイナンシャル・ウェルビーイングについて考えてきました。読後、いかがお感じでしょうか。

そもそも論としてのウェルビーイング向上は、私たち自身の気持ちの持ちように大きく左右されることはおわかりいただけたかと思います。

日本は客観的指標としてのウェルビーイングを感じられる環境は整っています。上下水道は完備、道路や鉄道といったインフラの普及と維持はしっかりしています。警察や消防の安心も他国に比べれば高いものです。

国の財政だって不安を煽る人は多いものの、日本が破たんするときには世界の多くの国家が先に破たんしていることでしょう（対外債務を持つ国、つまり外国に対してお金を貸している国は日本と中国のみで、これに加えてドルを世界中に流通させているアメリカの3か国の破たんは、先に世界中の他国の破たんを促し、1国だけの破たんとなることはあり得ない）。そんな日のことばかり考えても仕方がありません。

社会保障制度の基盤はしっかりしており、年金の破たんもメディアの煽りでしかありません（こちらも200兆の積立金を持つ国は日本とアメリカしかない）。老後に何十年長生きしても年金をもらい続けられることは、もっとポジティブに考えるべきだと思います。

私たちが豊かで安心できる生活をしていることを前向きに受け止め、自分たちの人生を幸福に感じることがウェルビーイング向上の第一歩です。

冒頭に紹介した世界幸福度ランキングも、私たちの気持ちひとつでもっと上位に入り込むことができるはずなのです。

▼「現在」のお金の不安は、消費スタイルの見直しでかなり減らすことができる

ファイナンシャル・ウェルビーイングを下げる要素、あるいは高める要素は、本書を通じて徐々に明らかになってきました。お金は幸せを手に入れる選択肢というだけではなく、「不安」を生み出す要素でもあるということです。

「現在と未来のお金の不安」があることはファイナンシャル・ウェルビーイングの低下をもたらします。つまり「現在のお金の不安」と「未来のお金の不安」を整理し、軽くしていくことが私たちのファイナンシャル・ウェルビーイング向上のカギになってきます。

今、目の前のお金の不安は、お金の流れを見える化し、また消費スタイルをしっか

り見直すことで相当多くの部分を軽減させることができます。

間違っても「たくさんお金を使えばウェルビーイングが高まる」と考えてはいけません。むしろお金を使う量をコントロールしながら、幸福度や満足度を高める追求をしていくのです。

現代に生きる私たちのウェルビーイングを高めることが、未来の幸福度も高める礎となります。

▼未来のお金の不安は、「見える化」と「適切な理解」で霧のように消え失せる！

次に、未来のお金の不安はどうでしょうか。

新興国に暮らしている人たちは、物質的には日本の生活に負けていても幸せそうに暮らしています。彼らの幸福度は「少しずつ生活が豊かになっている」という変化を感じていることが大きいのですが、「将来のことは今考えてもしょうがない」と割り切っているがゆえの「見える化していないからの幸福度」もあるように思います。

しかし、成熟した先進国に暮らす我々は、結婚に不安を抱き、子育てに不安を抱き、老後に不安を抱いています。いずれもぼんやりとしたお化けのような形で不安があり、私たちのウェルビーイング向上を妨げています。

将来の不安が何かありそうだ、と気づいてしまった人に、気づくなということはもうできません。だとすれば、「将来の不安を見える化させること」で、その正体を暴き、また対策を取っていくしかありません。

そして可視化された将来の経済的課題について正しく理解し正しく備えることができれば、未来の不安も軽減され、ファイナンシャル・ウェルビーイングは向上していきます。

特にばくぜんとした老後の経済的不安は、さっさとスッキリさせておくことをオススメします。

▼発想を変えれば、いつもの生活、同じ年収でも、幸せを増やすことができる！

本書ではいくつかのお金と幸せに関するヒントを紹介してみました。ここで書かれていることは「もっとカネを稼ぐだけが正解である」とか「カネがなくても幸せは絶対に得られる（断言）」のような単純な話ではないかもしれません。

しかし、お金と幸せの本質はそういうものではないでしょうか。

1億円の資産があっても孤独と不安を抱えている人がいます。家族旅行に行く予算がなくても毎日楽しそうに暮らしている家族もいます。

でもほとんどの人はそういう極端な世界にいるのではありません。その「真ん中」にいます。家族旅行にときどき行くことはできるが、家族はいつも喧嘩ばかりしていたり、仕事のやりがいはなくすり減っている日々を送っていたりします。

しかし誰もが幸せをもっと得られないものかと願っているはず。ファイナンシャル・ウェルビーイングのアプローチはそのヒントになるはずです。

いつもの生活、いつもの仕事と年収が維持されている中で、私たちは「幸せの量」を増やしていくことにもっと力を入れてみましょう。

それは仕事の年収を100万円増やすよりずっと簡単なことですし、毎日の笑顔が増えてストレスが減るならば、それは100万円以上の価値があります。

あなた自身のウェルビーイングを高めるのは他人でも政府でもありません。それはあなた自身にしかできないことです。

本書をあなたのファイナンシャル・ウェルビーイングを高めるきっかけにしてみてください。1年後、本書をもう一度手に取ったとき、あなたの眉間のしわは減り、目尻に笑い過ぎたしわを増やすことができれば、著者としてこれ以上の喜びはありません。

【主な参考資料】順不同

◎書籍

「OECD幸福度白書5――より良い暮らし指標：生活向上と社会進歩の国際比較」OECD（著、編集）西村美由起（翻訳）
「ウェルビーイング」前野隆司
「幸せのメカニズム」前野隆司
「幸せをお金で買う5つの授業」エリザベス・ダン、マイケル・ノートン
「50歳からの幸福論」佐々木常夫
「LIFE SHIFT～100年時代の人生戦略」リンダ・グラットン、アンドリュー・スコット
「人生後半の戦略書 ハーバード大教授が教える人生とキャリアを再構築する方法」アーサー・C・ブルックス

◎調査、レポート

〈公的団体〉

・WHO　ワールドハピネスレポート2023

・内閣府「満足度・生活の質に関する調査」に関する第４次報告書～生活満足度・暮らしのレポート～
・内閣府「満足度・生活の質に関する調査2022～我が国の Well-being の動向」
・金融庁　金融審議会市場ワーキング・グループ報告書「高齢社会における資産形成・管理」

〈民間団体（個人の執筆）〉
・髙宮咲妃（第一生命経済研究所）「寄付がもたらす幸福～幸せを呼ぶお金の使い方～」
・岩﨑敬子（ニッセイ基礎研究所）「他人の幸せの為に行動すると、幸せになれるのか？―利他的行動の幸福度への影響の実験による検証―」
・渡邉文隆（信州大学社会基盤研究所特任講師）（日本寄付財団ＨＰ）「寄付によって生まれる恩恵と寄付者満足度について考える」
・竹部成崇（一橋大学大学院社会学研究科）「経済的な豊かさと寄付の心理的効用の関連―東日本大震災前後の比較」
・第一生命経済研究所　ライフデザイン調査（第11回）
・筒井義郎（甲南大学）「結婚と幸福：サーベイ」
・ブラックロック「資産とウェルビーイングに関するグローバル調査」
・野村資産形成研究センター「ファイナンシャル・ウェルネス（お金の健康度）アンケート」

謝辞

本企画のぼんやりとした当初案を出版まで導いていただいた青春出版社・編集者の福田尚之さん、本文デザインを担当いただいた青木佐和子さん、表紙デザインを担当いただいた青春出版社・デザイン制作室の姥貝有紀さん、営業その他ご尽力いただいた青春出版社のスタッフの皆さん、そして店頭で拙著を面陳いただいている書店スタッフの皆さんのご協力に御礼申し上げます。

本文デザイン／青木佐和子

青春新書
INTELLIGENCE

こころ涌き立つ「知」の冒険

いまを生きる

〝青春新書〟は昭和三一年に――若い日に常にあなたの心の友として、その糧となり実になる多様な知恵が、生きる指標として勇気と力になり、すぐに役立つ――をモットーに創刊された。

そして昭和三八年、新しい時代の気運の中で、新書〝プレイブックス〟にその役目のバトンを渡した。「人生を自由自在に活動する《プレイ》」のキャッチコピーのもと――すべてのうっ積を吹きとばし、自由闊達な活動力を培養し、勇気と自信を生み出す最も楽しいシリーズ――となった。

いまや、私たちはバブル経済崩壊後の混沌とした価値観のただ中にいる。その価値観は常に未曾有の変貌を見せ、社会は少子高齢化し、地球規模の環境問題等は解決の兆しを見せない。私たちはあらゆる不安と懐疑に対峙している。

本シリーズ〝青春新書インテリジェンス〟はまさに、この時代の欲求によってプレイブックスから分化・刊行された。それは即ち、「心の中に自らの青春の輝きを失わない旺盛な知力、活力への欲求」に他ならない。応えるべきキャッチコピーは「こころ涌き立つ〝知〟の冒険」である。

予測のつかない時代にあって、一人ひとりの足元を照らし出すシリーズでありたいと願う。青春出版社は本年創業五〇周年を迎えた。これはひとえに長年に亘る多くの読者の熱いご支持の賜物である。社員一同深く感謝し、より一層世の中に希望と勇気の明るい光を放つ書籍を出版すべく、鋭意志すものである。

平成一七年

刊行者　小澤源太郎

著者紹介

山崎俊輔〈やまさき しゅんすけ〉

1972年生まれ。フィナンシャル・ウィズダム代表。ファイナンシャルプランナー、消費生活アドバイザー。確定拠出年金を中心とした企業年金制度と投資教育が専門。1995年中央大学法学部法律学科卒業後、企業年金研究所、FP総研を経て独立。「お金と幸せについてまじめに考えるFP」として活躍している。わかりやすく読みやすいお金のコラムが人気で、Yahoo! ニュース、マネー現代、プレジデントオンラインなど、月10本以上の連載を抱える人気FPのひとり。仕事や家事育児の効率化をつねに模索するライフハック好き。『読んだら必ず「もっと早く教えてくれよ」と叫ぶお金の増やし方』(日経BP)、『共働き夫婦 お金の教科書』(プレジデント社)、『普通の会社員でもできる日本版FIRE超入門』(ディスカヴァー・トゥエンティワン)など著書多数。
Twitter：@yam_syun　YouTubeチャンネル：youtube.com/@FPyam

ファイナンシャル・ウェルビーイング　青春新書 INTELLIGENCE

2023年7月15日　第1刷

著　者　山《やま》崎《さき》俊《しゅん》輔《すけ》

発行者　小澤源太郎

責任編集　株式会社プライム涌光

電話　編集部　03(3203)2850

発行所　東京都新宿区若松町12番1号 〒162-0056　株式会社青春出版社

電話　営業部　03(3207)1916　振替番号　00190-7-98602

印刷・中央精版印刷　製本・ナショナル製本

ISBN978-4-413-04674-9